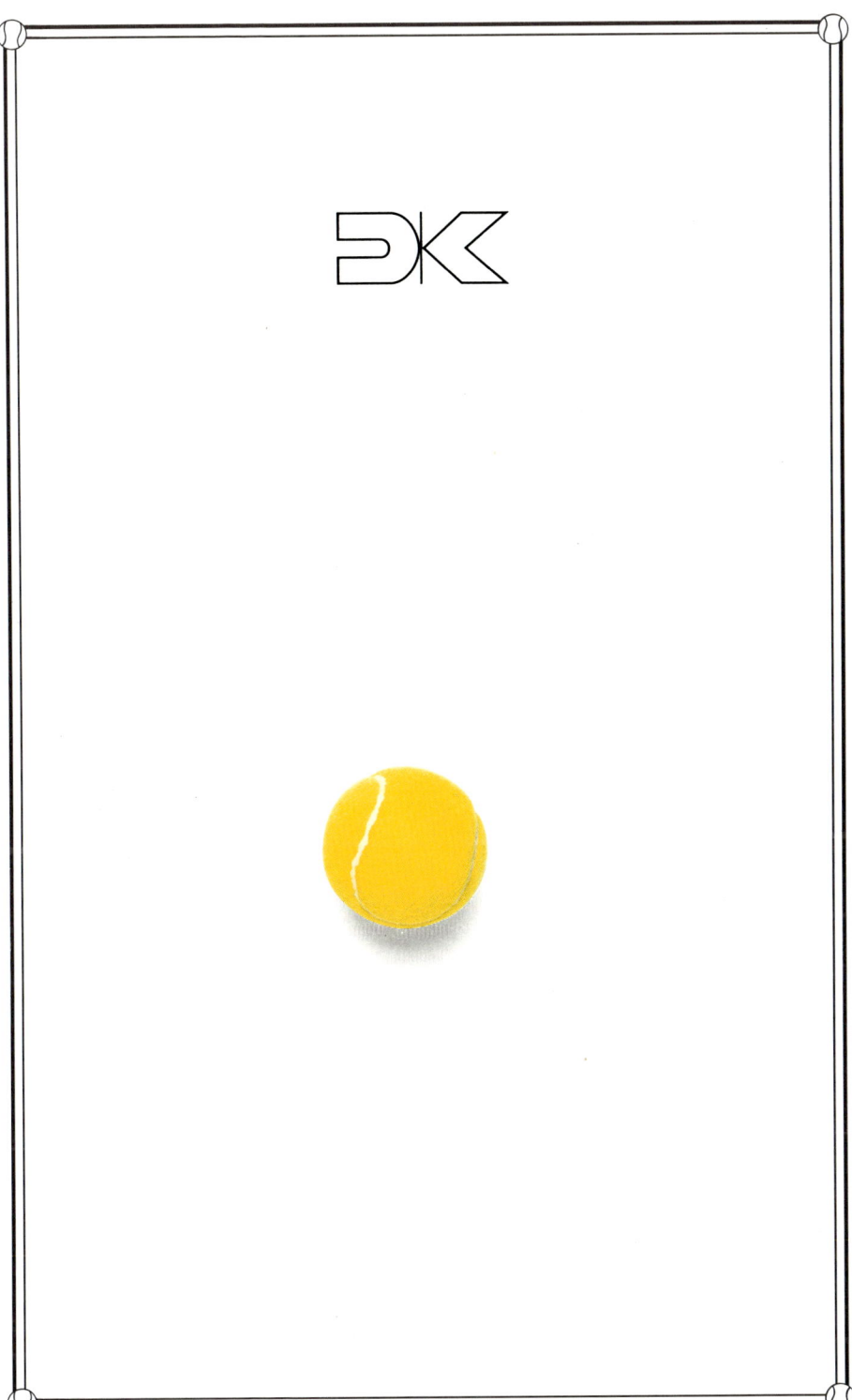

TENNIS

LERNEN

leicht · schnell · gründlich

PAUL DOUGLAS

Übersetzung und deutsche Bearbeitung
von Martina Schophaus
Fotos von Matthew Ward

DELIUS KLASING VERLAG

Originaltitel: **Learn tennis in a weekend**
Copyright © 1991 by Dorling Kindersley Limited, London
Text Copyright © 1991 by Paul Douglas

Die Deutsche Bibliothek – CIP-Einheitsaufnahme
Tennis lernen: leicht – schnell – gründlich / Paul Douglas.
Übers. und dt. Bearb. von Martina Schophaus.
Fotos von Matthew Ward. – 2. Aufl. –
Bielefeld: Delius Klasing, 1996
Einheitssacht.: Learn tennis in a weekend <dt.>
ISBN 3-7688-0822-X
NE: Douglas, Paul; Schophaus, Martina [Bearb.]; Ward, Matthew; EST

2. Auflage
ISBN 3-7688-0822-X
Die Rechte für die deutsche Ausgabe liegen beim Verlag
Delius, Klasing & Co., Bielefeld
Gesamtherstellung:
Kunst- und Werbedruck, Bad Oeynhausen
Printed in Germany 1996

INHALT

EINLEITUNG

WILLKOMMEN AUF DEM TENNISPLATZ: Und willkommen auch bei einem völlig neuen Konzept, Tennis zu lernen. Zwar haben sich die Grundlagen des Tennisspiels nur wenig geändert, doch gibt es mittlerweile in den praktischen Unterweisungen – in Wort wie Bild – vielfach neue Methoden, die auf erprobten Beispielen und modernen Erkenntnissen basieren. Meine eigenen Versuche, Tennis zu lehren, beruhen auf der einfachen Tatsache, daß es wichtig ist, jede Technik nach und nach zu erlernen und dabei stets die Endform der fertigen Bewegung im Auge zu behalten. Ich denke aber, daß es immer besser ist, alles erst einmal selbst zu erproben, als sich gleich mit der Theorie zu beschäftigen – nur so bekommt man ein natürliches Gefühl für das Spiel.

Visuelles Lernen ist dabei seit jeher wichtig gewesen, denn es spielt eine entscheidende Rolle beim Sporttreiben – Tennis macht da keine Ausnahme. *Tennis lernen – leicht · schnell · gründlich* bietet Ihnen daher Bilder hoher Qualität und scharf gestochene Anweisungen, damit Sie nicht nur durch eigene Spielpraxis, sondern auch durch das Betrachten der Bilder den richtigen Sinn für die Fertigkeiten entwickeln auf Ihrem Weg, den perfekten Schlag zu spielen. Sich selbst in Aktion zu sehen, unterstützt den Lernprozeß, so daß Sie am besten immer in einzelnen Sequenzen denken und sich Schritt für Schritt an die richtige Technik heranführen lassen sollten. *Tennis lernen – leicht · schnell · gründlich* ist ein Wagnis und gleichzeitig ein Wettbewerb. Ich weiß, daß Sie Wagnisse mögen, aber ich möchte Ihnen auch den Wettbewerb gönnen. Mit der Hilfe dieses Buches wird es Ihnen gelingen, und dazu wünsche ich Ihnen viel Erfolg.

PAUL DOUGLAS

DIE VORBEREITUNG

Nutzen Sie Ihre Zeit, und treffen Sie die richtigen Vorbereitungen

BÄLLE
Besorgen Sie sich Bälle von guter Qualität (Seite 12).

FITNESS
Gehen Sie fit in den Kurs.

Wählen Sie sich eine Zeit aus, die Sie nur dem Tennis widmen sollten, ohne Angst vor Unterbrechungen, und suchen Sie sich dafür einen Platz in Ihrer Nähe aus. Außerordentlich ideal wäre es, wenn Sie für die Dauer des Trainings einen festen Partner hätten oder aber eine ähnliche Hilfe, die mit Ihnen die Begeisterung für das Tennisspiel teilt. Wenn Sie jedoch allein lernen müssen, benutzen Sie am besten eine Übungswand oder schlagen Sie die Bälle aus der Ballmaschine. In jedem Fall ist es jedoch sehr wichtig, daß Sie dafür gut ausgerüstet erscheinen. So brauchen Sie zum Beispiel zwei Schläger, damit Sie nicht zuviel Zeit verlieren, wenn mal eine Saite reißt. Bringen Sie ebenso fürs Matchspiel zwei oder drei Dosen qualitativ anspruchsvolle Bälle mit und für die Ballmaschine 60 bis 130 Bälle der Güteklasse II, um sie damit für Ihre Schläge zu füttern. An den Füßen sollten Sie natürlich Tennisschuhe tragen, und ebenfalls sollten Sie mehrere Paar Socken mitnehmen, um wechseln zu können.

TENNIS-SCHUHE
Sie sollten oben gerippt und bequem sein.

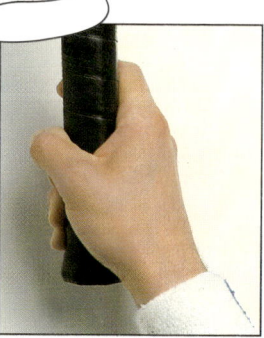

GRIFFE
Jeder Schlag erfordert eine andere Griffhaltung.

SPIN
Lernen Sie, beim Schlagen den Ball anzuschneiden.

SCHLÄGER-TASCHE
Schützen Sie Ihre Schläger mit einer gefütterten Tasche.

Genauso sinnvoll werden Sie Handtücher finden und Schweißbänder, und auch ein Stirnband kann von Nutzen sein. Außerdem sollten Sie sich bereits vor dem eigentlichen Training ein Programm zusammenstellen, um die Fitneß zu testen und den anschließenden physischen Belastungen gewachsen zu sein. Machen Sie sich auch schon einmal mit Griffarten, Grundstellungen und anderen Techniken vertraut – dann können Sie Ihrem ersten Tag am Netz ruhig entgegensehen.

Fettgedruckte Wörter werden im Glossar näher erläutert (Seite 92–93).

AUFLESE-RÖHRE
Eine praktische Methode, beim Auflesen der Bälle Zeit zu sparen (Seite 15).

PLATZ
Lernen Sie den Tennisplatz kennen und die Stellen, wo man den Ball hinspielen darf (Seite 14–15).

DAS WERKZEUG

Wählen Sie Schläger, Saiten, Bälle, Schuhe und Kleidung aus

FÜR IHREN KURS brauchen Sie einen guten Schläger, der Ihren Ansprüchen gerecht wird, und bequeme Kleidung, einschließlich des Trainingsanzuges, sollten Sie einen besitzen. Es gibt verschiedene Größen und Formen von Schlägern, die meisten von ihnen sind jedoch Großkopfschläger: Sie werden fast nur noch hergestellt, nachdem der Holzschläger aus der Mode kam. Großkopfschläger haben die leichtesten, aber auch stärksten Rahmen der Welt.

GRIFF •
Ein Plastikstreifen trennt den Griff vom Schlägerschaft ab.

HALS •
Gewöhnlich ist der Hals zweigeteilt: Das sorgt für einen hohen Grad an Flexibilität und hilft bei weichen Schlägen.

• STREBEN
Die Verbindungen zwischen Rahmenkopf und Schlägerschaft.

GROSSKOPFSCHLÄGER

Der stromlinienförmige Schlägerkopf und die der Breitseite zugewandten Seitenteile verschaffen dem Schläger eine bessere Handlichkeit und Stärke. Großkopfschläger kann man mit mehr Druck spielen als die schmaleren Versionen und liegen dabei doch wesentlich leichter in der Hand.

• SCHAFT
Der Schlägerschaft sollte die Vibrationen abfangen, bevor die Wellen den Spieler über den Griff erreichen.

• GRIFFBAND
Griffbänder sollen dem Spieler noch mehr Gefühl vermitteln. Es wird vom Griffende leicht diagonal aufgewickelt. Überlappen Sie das erste Band, und befestigen Sie es am Griffanfang.

GRIFF
Der Griff ist mit einem achtfach geschäumten Gummiband umwickelt. Während der Produktion wurde der Schläger auf Kopflastigkeit getestet.

• GRIFFENDE
Am Ende des Griffs befindet sich gewöhnlich eine Kappe, um die Hand des Spielers zu schützen.

SAITEN

Es gibt dicke, dünne und zwei unter-
schiedliche synthetische Saiten: ein-
faserige und
mehrfaserige
Saiten, wobei
letztere am
häufigsten
gespielt
werden.

SCHLÄGERSCHONER •
Er schützt den oberen
Rahmen und die Saiten.

• *Hauptsaiten*

• *Gekreuzte Saiten*

**• SAITEN-
MUSTER**
Die Schlagoberfläche
muß eben sein. Die
Saiten bilden ein
gleichmäßiges Muster
und werden durch
Löcher am Schläger-
kopf befestigt. Die
Muster bilden sich in
breiten oder schmalen
Quadraten.

SCHUTZSTREIFEN •
Dieses Band verläuft über
dem äußeren Schlägerkopf-
bogen. Es soll die Saitenen-
den schützen, die dahinter in
Löchern verknüpft werden.

BRÜCKE •
Die Brücke ergänzt den
Schlägerkopf zwischen den
geteilten Schaften. Sie verteilt die
Spannung auf dem Schläger.

KLEIDUNG

Tragen Sie am besten bequeme Kleidung, die sich leicht waschen läßt. Shorts und Röcke sollten an der Hüfte nicht zu eng sein, und die Shirts sollten Sie nicht an Armen und Schultern in Ihrer Bewegungsfreiheit stören. Kaufen Sie Socken mit verstärkter Sohle und Ferse.

SCHWEISSBÄNDER •
Man kann sich mit ihnen die Stirn abwischen, außerdem halten sie die Handflächen trocken.

SCHLÄGERTASCHE •
Eine gut gefütterte Tasche für bis zu vier Schläger, die sich leicht über Schulter tragen läßt.

• **HAARBAND**
Es hält Ihnen lange Haare aus der Stirn und kann verhindern, daß der Schweiß in die Augen läuft.

TENNISBÄLLE

TESTZEIT
Offiziell geprüfte Tennisbälle haben sich langen Testprozeduren zu unterziehen, bevor man sie zu Turnieren zuläßt. Achten Sie darauf, nur Dosen zu kaufen, auf denen das Gütesiegel eingedruckt ist.

VIER ODER MEHR
Eine Dose mit vier Bällen reicht eigentlich für das Tennisspiel, aber wenn Sie vor einer Ballmaschine trainieren oder mit Ihrem Partner Übungen abhalten, sollten Sie einen Fülltrichter für mehrere Bälle dabei haben.

**TENNIS-
KLEIDUNG**
Die Kleidung ist aus leichten, gut waschbaren Stoffen.

SPORTTASCHE •
In den großen Taschen können Sie Teile Ihrer Tennisausrüstung aufbewahren.

TENNISBÄLLE •
Eine Dose mit vier Turnierbällen reicht für ein Match oder einen Übungssatz.

TENNISSOCKEN •
Bequeme Socken schützen den Fußballen, die Ferse und die Achillessehne.

TRAININGS-ANZUG

Warme Kleidung bereitet Sie gut auf das Spiel vor; lassen Sie sie auch beim Einspielen und während der Gymnastik an.

—FUSSBEKLEIDUNG—

SCHUHE

Schützen Sie Ihre Füße und verbessern Sie Ihre Fußarbeit durch bequemes Schuhwerk. Es sollte für Stabilität und Beweglichkeit sorgen und Ihnen Halt am Rist, am Knöchel und an der Achillessehne verschaffen. Wenn Sie sich nur ein Paar Schuhe leisten wollen, wären Laufschuhe ganz nützlich, weil sie sich auch anderweitig einsetzen lassen.

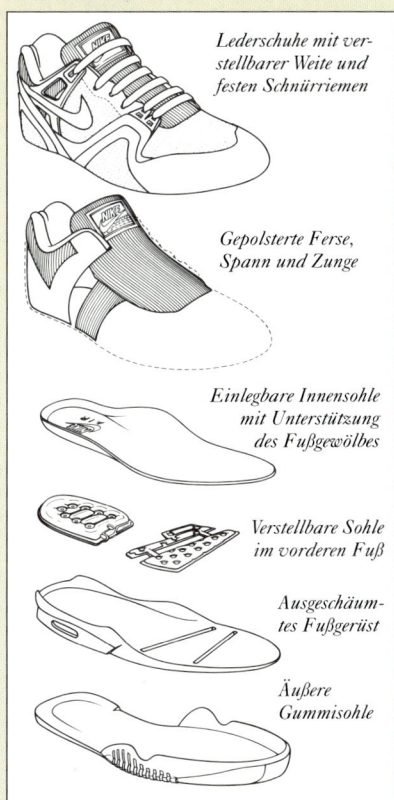

Lederschuhe mit verstellbarer Weite und festen Schnürriemen

Gepolsterte Ferse, Spann und Zunge

Einlegbare Innensohle mit Unterstützung des Fußgewölbes

Verstellbare Sohle im vorderen Fuß

Ausgeschäumtes Fußgerüst

Äußere Gummisohle

SOHLE

Wählen Sie Schuhe, die sich Ihrem Spiel und der Beschaffenheit des Tennisplatzes anpassen: Benutzen Sie weiche Sohlen für den Hallenboden, genoppte Sohlen für Gras und gemusterte Sohlen für den normalen Gebrauch. Die Abbildung zeigt alle drei Möglichkeiten.

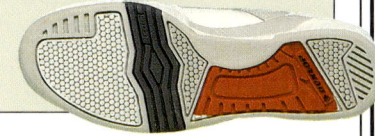

AUF DEM PLATZ

Lernen Sie den Court kennen – Markierungen,
Beläge, das Netz und sonstige Ausrüstungen

—

DER RECHTECKIGE TENNISPLATZ, so wie wir ihn heute kennen, wurde zum ersten Mal beim Turnier von Wimbledon im Jahre 1877 vorgestellt, mit den Maßen 23,77 x 8,23 Meter für das Einzelfeld. Außerdem wurde Tennis urspünglich nur auf Gras gespielt und nicht auf den vielen anderen Belägen, die derzeit – meist aus synthetischen Materialien – entstehen. Natürlich erfordert jeder Belag eine andere Technik: Lernen Sie, sich den verschiedenen Bedingungen anzupassen und Ihr Spiel auf jedem Boden zu beherrschen.

MARKIERUNGEN

Tennislinien sind Begrenzungslinien und nach ihrer Funktion auf dem Platz benannt. Die Grund- und Seitenauslinien zum Beispiel begrenzen die Weite und Tiefe Ihrer Volleys oder Driveschläge, die Aufschlaglinien die Ihres Serviceschlages.

• **SPIN**
Der Spin sorgt für die Drehung der Bälle. Ein innerer Schwingungspendel verteilt die Tennisbälle und schießt sie in Weite und Länge unterschiedlich hinaus.

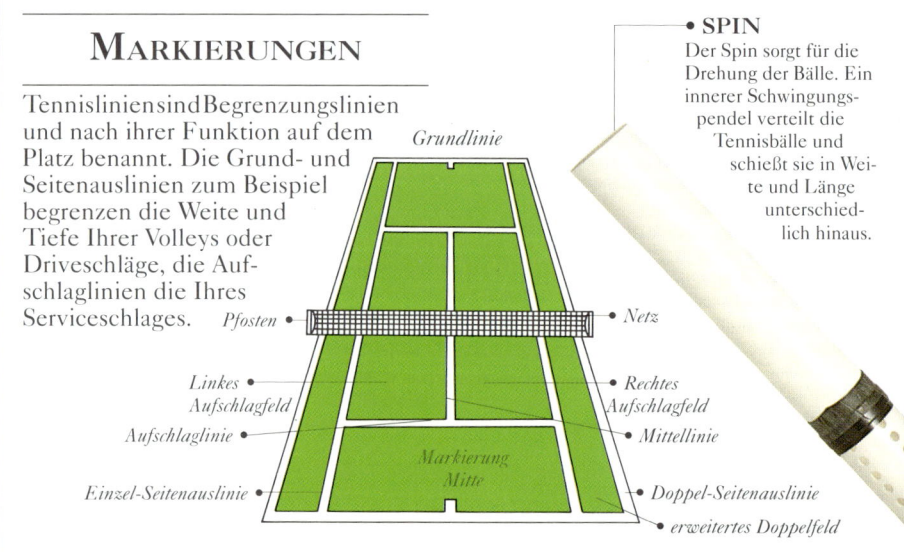

Grundlinie

Pfosten • *Netz*

Linkes Aufschlagfeld • *Rechtes Aufschlagfeld*

Aufschlaglinie • *Mittellinie*

Einzel-Seitenauslinie • *Markierung Mitte* • *Doppel-Seitenauslinie*

• *erweitertes Doppelfeld*

——— BELÄGE ———

GRAS
Gras ist ein schneller Boden und ist nur schwer zu beherrschen. Auf Kunstrasen spielt es sich wesentlich einfacher.

ASCHE
Asche ist ein langsamer Belag; es gibt ihn fein und grobkörnig, und beide Sorten erfordern andere Spielweisen.

ZEMENT
Man spielt darauf schnell oder langsam, je nach Beschaffenheit der Oberfläche. Wenn sie rauh ist, wird auch das Spiel langsamer.

ASPHALT
Geteerte Plätze bedürfen einer kleinen Auffrischung; sie werden schneller, wenn man sie mit grüner Farbe bestreicht.

DAS NETZ

PROBLEMLÖSUNG

Das Netz bestimmt die Genauigkeit von Grundschlägen. Es wird Ihnen bei jedem Schlag Probleme bereiten, doch sollten Sie immer eine Lösung finden.

Die Pfosten sind 1,07 Meter hoch und 0,91 Meter außerhalb der Doppellinie.

In der Mitte: 0,91 Meter

Einzelbegrenzung außerhalb der Einzellinie: 0,91 Meter

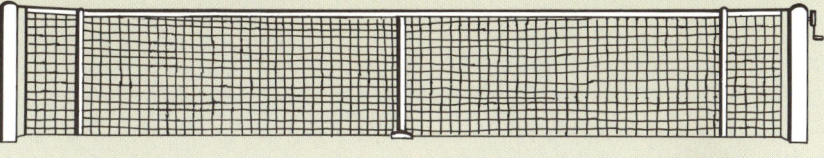

BALLMASCHINE

Moderne Ballmaschinen arbeiten äußerst wirkungsvoll. Sie können so eingestellt werden, daß sie die Bälle nach Höhe, Weite und Drall unterschiedlich auswerfen; so kommen sie den Schlägen im richtigen Spiel ziemlich nahe.

AUFLESERÖHRE •

Sammelbüchsen wie diese haben Platz für 18 Bälle und sind sehr praktisch auf dem Court. Mit ihrem unteren Ende kann man die Bälle aufpicken, danach läßt sich die Röhre gut an den Zaun hängen.

LUFTBETRIEBENE BALLMASCHINE

Eine luftbetriebene Ballmaschine wie diese hier kann bis zu 135 Bälle in sich aufnehmen und alle drei Sekunden mit einer Geschwindigkeit von bis zu 33 Meter pro Sekunde einen Ball auswerfen.

BALLQUOTE

Sie können zwischen drei, sechs und 12 Sekunden-Intervallen wählen.

HANDHABUNG

Da die Ballmaschine nur etwa 14 Kilogramm wiegt, läßt sie sich leicht auf dem Platz bewegen.

TENNIS-TRAINING

*Übungen, um die Muskeln vorzubereiten und die Kraft, Ausdauer,
Schnelligkeit und Beweglichkeit für das Spiel zu bekommen*

·

KRAFT, AUSDAUER, SCHNELLIGKEIT UND BEWEGLICHKEIT sind die vier wichtigsten Faktoren für das Tennis, und all das braucht viel Erfahrung. 1. Um zur Kraft und zur Fitneß zu gelangen, sollten Sie sich den hier gezeigten sechs Körperübungen unterziehen: Sie sind ziemlich einfach und lassen sich am besten innerhalb eines Circuits durchführen. 2. Um ausdauernder zu werden, sollten Sie mehrmals in der Woche joggen – das macht Ihnen, Ihrem Herz und Ihren Lungen Spaß. Versuchen Sie mal, achthundert Meter schnell und am Stück zu laufen. 3. Kurze, scharfe Sprints auf dem Platz zwischen den **Seitenauslinien** bieten sich an, Ihre Schnelligkeit zu steigern und Sie dabei gleichzeitig auf das Spiel vorzubereiten.

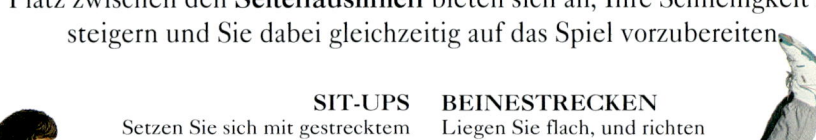

SIT-UPS
Setzen Sie sich mit gestrecktem Rücken und mit überkreuzten Armen auf den Boden, die Beine sind gebeugt.

BEINESTRECKEN
Liegen Sie flach, und richten Sie ihre gestreckten Beine im Winkel von 45 Grad vom Boden ab. Heben Sie die Beine ganz

Gehen Sie dann nach vorn, mit dem Kopf auf die Knie, dann wieder nach hinten und wiederholen Sie die Übung.

langsam hoch, berühren Sie nicht den Boden mit den Füßen.

LIEGESTÜTZE
Legen Sie Ihre Handflächen in Verlängerung der Schultern auf den Boden, und drücken Sie sich bis in die gestreckten Arme hoch. Atmen Sie ein, und beugen Sie die Arme wieder, ohne dabei den Boden mit den Oberschenkeln zu berühren. Dann atmen Sie wieder aus und beginnen von vorn.

STEP-UPS

Treten Sie mit Ihrem linken Fuß und bei gebeugten Knien auf einen halben Meter hohen Kasten, und wiederholen Sie dies mit dem rechten Fuß. Halten Sie dabei den Rücken gestreckt, und schauen Sie nach vorn.

DOPPELKNIESPRÜNGE

Stehen Sie mit geschlossenen Beinen, gehen Sie in die Hocke, und springen Sie vom Boden ab, während die Knie an die Brust gebracht werden. Wiederholen Sie die Übung mehrmals.

HOCKSTRECKEN

Bringen Sie Ihren Körper in der Hocke mit geschlossenen Beinen zwischen die Arme. Schieben Sie sich dann nach hinten durch, strecken Sie Körper und Beine, und gehen Sie anschließend wieder in die Hocke.

CIRCUITS

Machen Sie jede Übung so oft Sie können, mit einer Pause von 45 Sekunden dazwischen. Die Hälfte Ihrer jeweiligen Maxima sollte Maßstab für den ersten Monat sein, und gehen Sie den Parcours gleich zweimal durch. Notieren Sie sich die Zeiten für beide Durchgänge – auf diese Weise können Sie Ihre Fortschritte überprüfen. Wählen Sie für den nächsten Monat dann ein neues Programm.

• ARMSTRECKEN

Drücken Sie sich gut heraus, das bringt Ausdauer für Schulter und Arme. Sie brauchen die Arme dabei aber nicht voll auszustrecken und auch nicht zu langsam sinken zu lassen.

• FINGERBEUGEN

Sollten Sie sich einigermaßen fit fühlen, versuchen Sie die obige Übung doch einmal auf den Fingerspitzen.

STRETCHING

Stretching ist der beste Weg, sich auf das Tennis vorzubereiten. Bleiben Sie jeweils 10 bis 20 Sekunden in
der Körperspannung jeder Übung und dabei trotzdem
locker. Gehen Sie ein zweites Mal den gesamten
Parcours durch, steigern Sie die Belastung ein wenig,
und beenden Sie das Stretching nach ca. 15 Minuten.

REIHENFOLGE

Stretchen Sie wie
folgt: Übung 7, 6, 4,
5, 1, 2, 3, 8. Atmen
Sie dabei ganz ruhig
ein und aus, und
halten Sie niemals
die Luft an.

1. KÖRPERDREHEN

Setzen Sie sich mit gestrecktem linken
Bein auf den Boden und lassen Sie die
rechte Hand aufgestützt. Beugen Sie
Ihr rechtes Knie, und bringen Sie es
über das Knie des linken Beines.
Beugen Sie Ihren linken
Ellenbogen, und drücken Sie
damit leicht gegen die
Außenkante des rechten
Knies. Drehen Sie dann Ihren
Oberkörper.

2. BAUCHSTRECKEN

Legen Sie sich flach auf Ihren
Bauch, mit seitlich aufgestützten
Armen, und drücken Sie sich auf
Ihren Handflächen nach oben.

3. ARMSTRETCHING

Gehen Sie in eine Stellung,
wie hier gezeigt: Drehen
Sie dabei Ihre
Hände so ein,
daß die Finger
in die Richtung
Ihrer Knie
zeigen.

4. MITTLERES UND UNTERES BEINSTRECKEN

Stellen Sie sich im Abstand
von 30 Zentimetern an die
Wand, und lehnen Sie sich
so an, daß Sie Ihren Kopf
auf die verschränkten
Oberarme legen
können. Beugen
Sie Ihr rechtes
Knie an, drücken
Sie Ihr linkes
Knie bis zur
Streckung durch,
und bleiben Sie
mit Ihrer linken
Ferse auf
dem Boden.

5. OBERES BEINSTRECKEN

Machen Sie mit Ihrem
linken Bein einen
weiten Ausfallschritt
nach vorn, beugen Sie
Ihr Knie nach vorn und
lassen Sie es in Höhe
Ihres Fußgelenkes.
Dann strecken Sie Ihr
rechtes Bein nach
hinten hin aus und
bringen die Ferse
dabei auf den Boden.

6. KNIESTRETCHING
Stellen Sie sich so hin, daß Sie sich mit der Handfläche an einer Wand abstützen können. Beugen Sie Ihr linkes Bein an, und greifen Sie mit der linken Hand an die Zehen; ziehen Sie dann die Ferse bis an das Gesäß. Wiederholen Sie die Übung mit dem anderen Bein.

7. ARMKREISEN
Schwingen Sie Ihre Arme in großen, langsamen Kreisen, und wiederholen Sie dies in die entgegengesetzte Richtung. Kreisen jeweils fünfmal vor und zurück.

PERFEKTE HALTUNG •
Bein gestreckt, Hüfte vorwärts, Knie gebeugt und die Ferse bis an das Gesäß gezogen.

HILFESTELLUNG •
Lassen Sie Ihr rechtes Knie durchgedrückt, um das Körpergewicht beim Beugen des linken Knies besser zu (er-)tragen.

AUFWÄRMLAUFEN
Laufen Sie vorher immer erst ein wenig, um sich richtig aufzuwärmen. Joggen Sie am besten fünfmal um den Tennisplatz herum, und versuchen Sie seitwärts bzw. rückwärts zu laufen.

8. HÜFTSCHWINGEN
Stehen Sie in leichter Grätsche und nehmen Sie die Hände in die Hüfte, die Knie sind leicht gebeugt. Schwingen Sie dann mit der Hüfte.

DIE GRIFFE

Wie Sie – je nach Spielart – den Schläger halten sollten

DAS GEFÜHL DES AUFPRALLENDEN BALLES auf die Schlägersaiten wird Ihnen letztlich immer über den Griff vermittelt.
Zuverlässige Griffe sind – je nachdem, welches Spiel Sie sich
zutrauen – u. a. der **Eastern-, Western-** oder **Continental-**Griff. Wir
wollen Ihnen hier insgesamt sieben verschiedene Griffe vorstellen,
Griffe für Anfänger und Könner. Sollten Sie gerade erst mit dem
Tennisspielen begonnen haben, wäre für die Grundschläge und Ihre ersten
Volleys der Eastern-Griff, für die ersten Aufschlagversuche der modifizierte Eastern-Griff und schließlich für alle Serve- und Volleyschläge der
Continental-Griff anzuraten. Der modifizierte Continental-Griff, auch
unter dem Namen „Chopper" geläufig, weil man ihn ein wenig wie ein
kleines Beil hält, ist genauso ideal für den angeschnittenen Aufschlag.

WIE MAN DEN BESTEN GRIFF FINDET

GUTER SERVICE
Wenn Sie beim Aufschlag bereits die meisten
Bälle über das Netz und ca. 50 Prozent davon
ins Feld bekommen, können Sie sich schon
mal am **Continental-**Griff versuchen – dem
effektivsten Griff für das Servicespiel.

SCHNELLER VOLLEY
Sobald Sie sich vorn am Netz wohlfühlen,
sollten Sie mit **Vorhand-** und **Rückhand-
Volleys** und dem modifizierten Continental-
Griff beginnen.

CONTINENTAL-GRIFF
Formen Sie Ihre Hand zu
einem „V" zwischen
Daumen und erstem Finger.
Der Knöchel des ersten
Fingers legt sich über die
Kante des Griffes.

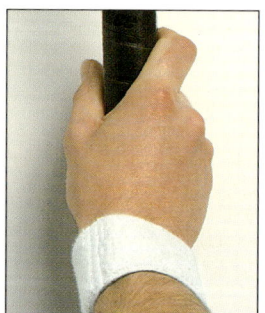

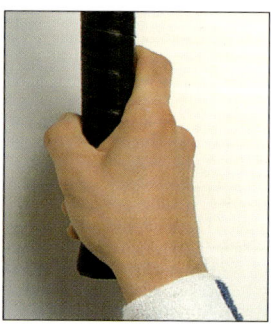

**EASTERN-
RÜCKHANDGRIFF**
Formen Sie ein „V", indem
sich der Daumen über der
unteren Seite des Griffes und
der erste Finger über der
rechten Seite befindet.

**MODIFIZIERTER
EASTERN-
VORHANDGRIFF**
Formen Sie ein „V" zwischen
Ihrem Daumen und dem er-
sten Finger in der Mitte des
oberen, flachen Stücks des
Schlägers.

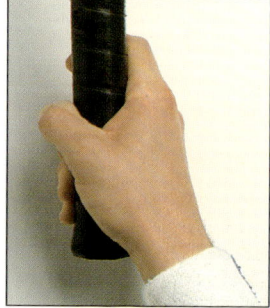

EASTERN-VORHANDGRIFF

„Shake hands" mit Ihrem Schlägergriff – das ist die beste Haltung für den Anfänger und den Weltklassespieler. Dabei befindet sich die Handfläche auf der Rückseite des Griffes, d.h. dies ist eine sehr bequeme Möglichkeit, dem Spieler viel Kraft in seinen Schlag zu geben und den herannahenden Ball gut zu treffen.

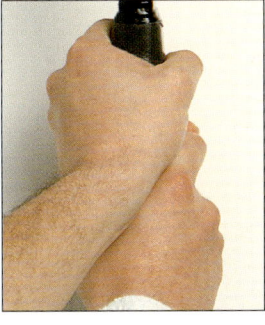

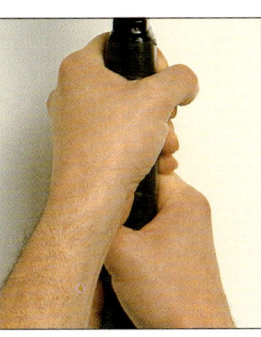

DOPPELGRIFF I

Die spielende Hand formt wieder ein „V", so ähnlich wie beim **Continental** bzw. bei der **Eastern-Rückhand,** die helfende Hand jedoch befindet sich am Griff so wie beim **Eastern-Vorhandgriff.**

LANGE HAND

Der Schläger ist die Verlängerung der Hand – schließlich hieß Tennis früher „jeu de paume" (Spiel der Hände).

DOPPELGRIFF II

Normalerweise braucht man den Griff nicht zu wechseln, wenn man gerade einen Vorhand-Drive-Ball gespielt hat; man sollte jedoch die eine Hand mit einem **Eastern-Vorhandgriff** der anderen Hand unterstützen.

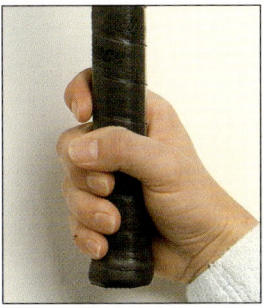

UMSCHLIESSEN •
Umschließen Sie den Griff mit Daumen und Fingern.

HALB-WESTERN-VORHANDGRIFF

Formen Sie ein „V" zwischen der oberen, rechten Schräge des Schlägers und dem Knöchel des ersten Fingers auf der Kante der unteren Seite.

FINGER AM ABZUG •
Spreizen Sie Ihren ersten Finger, und legen Sie ihn so über den Griff wie über den Abzug einer Pistole.

„V"-FORM •
Prüfen Sie stets, ob sich das „V" zwischen Ihrem Daumen und Ihrem ersten Finger befindet.

HANDGELENK •
Halten Sie das Handgelenk immer hinter dem Griff und das Ende Ihrer Hand am Ende des Schlägergriffes; behindern Sie sich niemals selbst beim Greifen.

DIE BESTE HALTUNG

Machen Sie sich mit den Grundstellungen und den Schlagpositionen vertraut, um Ihre Technik zu verbessern

GRUNDSTELLUNGEN, SCHLAGPOSITIONEN und die verschiedenen Arten, den **Spin** zu spielen – das alles sollte ein Tennisspieler schnell beherrschen. Der eigentliche Schlüssel zum guten Grundschlag jedoch ist ein gutes Stellungsspiel. Sorgfältiges Einschätzen der Flugkurve des Balles, richtige Vorbereitung des Schlägers und leichtfüßige Beinarbeit sollten Sie in die Lage versetzen, Ihr Körpergewicht auszugleichen und den Schläger in die Ballrichtung zu bringen, die Sie auf dem Platz zu spielen gedenken. Die Auswahl der Schläge und der Spins, die Sie benutzen, um den Ball zu kontrollieren, entscheiden ebenso darüber, wie wirkungsvoll bzw. wie schnell Ihr Spiel später einmal wird.

AUSGANGSSTELLUNG

Schauen Sie auf das Netz, Füße schulterbreit auseinander, die Knie leicht gebeugt, das Gewicht auf den Fußballen. Halten Sie dabei den Schläger so in der Mitte, daß Sie leicht zu jedem Schlag ausholen können.

• **AUGEN**
Sehen Sie Ihrem Gegenüber beim Schlagen zu, um einen visuellen Anhaltspunkt dafür zu bekommen, wie Sie den Ball zurückspielen sollen.

• **SCHLÄGER**
Unterstützen Sie den Schlägerkopf, indem Sie ihn mit der nicht-spielenden Hand am Hals festhalten.

• **GRIFF**
Halten Sie das Racket im Vorhandgriff (Seite 20).

• **FÜSSE**
Stehen Sie mit schulterbreit ausgestellten Füßen; die Knie sind gebeugt.

GUTE SICHT
Wenn Sie einen Volley erwarten, gehen Sie ein wenig in die Hocke, um den Flug des ankommen-den Balles Ihres Gegners besser sehen zu können. Drehen Sie dabei Ihre Ellenbogen nach außen – so haben Sie eine größere Bewegungsfreiheit in den Armen.

TIMING

Einige Spieler nehmen den Schläger schon beim Ballanwurf während des Aufschlags hoch; dies sollten Sie aber nur tun, wenn Sie Probleme mit dem Timing haben.

• AUGEN

Achten Sie immer auf die Stellung Ihres Gegners.

• ARME

Halten Sie den Ball gegen die Saiten des Tennisschlägers, lassen Sie dann Ihre Arme ein wenig absinken, und sammeln Sie die Kraft, die Sie anschließend auf das vordere Bein bringen werden.

GRIFF •

Am meisten wird beim Service der **Continental**-Griff benutzt – mit dem ersten, gespreizten Finger zur Kontrolle am oberen Schlägergriff.

AUFSCHLAGHALTUNG

Seien Sie wachsam, aber doch entspannt und ausgeglichen, bevor Sie beginnen: Achten Sie auf die Stellung des Gegners, und entscheiden Sie dann über Art und Richtung des Services, das Sie wählen werden (Seite 47).

• FÜSSE

Wenn Sie in das rechte Feld aufschlagen, sollten Sie nah an der Mitte der Grundlinie stehen. Beim Service auf links ist eher eine Position 30–60 Zentimeter von der Mitte der Grundlinie angebracht, um den Ball schärfer zu spielen.

DIE FLUGKURVE DES BALLES

ZWEI FLÜGE

Beim **Grundschlag** fliegt der Ball gleich zweimal: zuerst, nachdem er den Schläger des Gegners verläßt, und dann, nachdem er auf Ihrer Seite aufgeprallt ist. Als Anfänger haben Sie meist Probleme, vor allen Dingen den zweiten Flug richtig einzuschätzen. Versuchen Sie daher, die Aufprallstelle des Balles schon vorher abzusehen, um ihn kontrolliert zurückzuspielen. Vermeiden Sie hastige Bewegungen. Beim Service fliegt der Ball zweimal, beim Volley nur einmal.

Zweiter Flug

Erster Flug

DIE SCHLÄGE

DIE UNTERSCHIEDE

Den Ball zu treffen bezeichnet man beim Tennis als Schlag, während ein Schuß die Flugkurve bzw. das Ziel nach dem Aufprall beschreibt. Viele Tennisschüsse werden von ganz unterschiedlichen Schlagarten produziert, so z. B. der **Rückhand-Slice** oder der **Angriffsschlag** (Seite 80–81).

ANGRIFFSSCHLAG

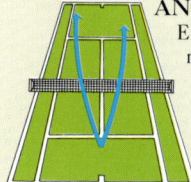

Einen Angriffsschlag setzt man ein, wenn man nach vorn kommen will und sich auf einen **Volley** vorbereitet. Dabei können Sie sich dem Netz diagonal nähern.

CROSSBALL UND ENTLANG DER LINIE

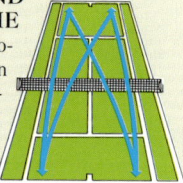

Der **Crossball** wird diagonal, d.h. von Ihrem rechten ins andere rechte Feld gespielt. Den **Ball entlang der Linie** schlägt man parallel zur Seitenauslinie.

STOPPBALL

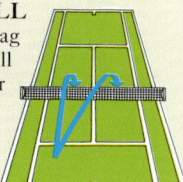

Mit diesem Schlag spielt man den Ball ganz kurz hinter das Netz ins Feld des Gegners.

PASSIERBALL

Dies ist eine Methode, am gerade aufrückenden Gegner vorbei zu spielen, entweder durch einen **Crossball** oder einen **Ball entlang der Linie.**

DER CHIP

Der **Chip** ist ein kurzer, abgeblockter Schlag, der angeschnitten wird, um dem Gegner den Rückschlag zu erschweren.

DER AUFPRALL

Versuchen Sie sich gut in der Balance zu halten und mit Hilfe Ihres Körpergewichtes eine Vorwärtsbewegung einzuleiten. Bei dem hier gezeigten Beispiel ist das Handgelenk des Spielers fest und der Schlägerkopf über Handhöhe, wenn er zu einem langsamen **Volley** ansetzt.

• **ARM**
Lassen Sie Ihren linken Arm gestreckt.

• **FÜSSE**
Die Füße machen einen Ausfallschritt, um einen tieferen Körperschwerpunkt zu bekommen.

DER SPIN

Der **Spin,** der mit Drall gespielte Ball, hat einen großen Einfluß darauf, wie er anschließend durch die Luft fliegt bzw. aufspringt. Der Spin selbst ist wiederum davon abhängig, wie der Ball vorher aufspringt und wie genau Sie ihn mit den Saiten treffen.

SLICE-AUFSCHLAG
Der Spieler rechts zeigt die Haltung beim Slice-Auf-schlag. Der Schläger-kopf wird so gedreht, daß der Ball einen **seit-lichen Drall** erfährt.

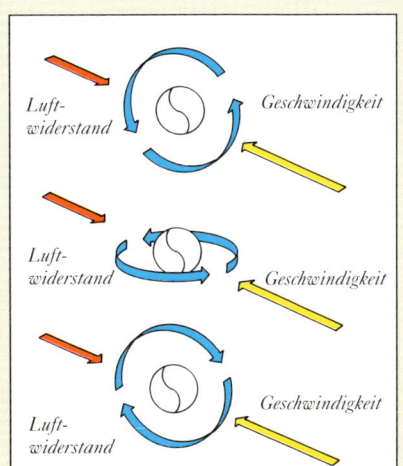

SCHLÄGERKOPF

Die Neigung des Schlä-gerkopfes hat Einfluß darauf, ob der Schlag gelingt.

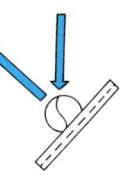

OFFENES HALTEN
Mit der **offenen** Schlägerhaltung läßt sich der **Spin** nach hinten spielen.

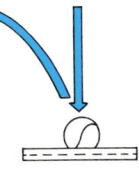

GESCHLOSSENES HALTEN
Eine **geschlossene** Schlägerhaltung sorgt dafür, daß sich der Ball mit Spin spielen läßt.

FLACHES HALTEN
Mit der **flachen** Schlägerhaltung läßt sich der Ball lange geradeaus spielen.

BALL MIT DRALL

TOPSPIN
Hierbei dreht sich der Ball vorwärts gegen den Luftwiderstand, bis er herunterfällt. Wenn Sie einen Topspin spielen, sollten Sie dabei ein wenig höher über das Netz zielen als bei normalen Schlägen.

SEITSPIN
Der Ball dreht sich rechts herum gegen den Luftwiderstand, bis er nach links abweicht. Man sollte ihn vor allen Dingen beim Service und als Angriffsschlag einsetzen (Seite 80–81).

UNTERSCHNITTEN
Bei unterschnittenen Schlägen dreht sich der Ball entgegen der Flugrichtung; er sollte ein wenig tiefer über das Netz gespielt werden, es sei denn, Sie setzen zu einem unterschnittenen **Lob** an (Seite 74).

Luft-widerstand — *Geschwindigkeit*

Luft-widerstand — *Geschwindigkeit*

Geschwindigkeit — *Luft-widerstand*

DIE PRAXIS

Ein erster Blick auf den Tenniskurs

DER KURS UMFASST INSGESAMT ZWÖLF TECHNIKEN, die wir in zwei Gruppen und nach Theorie und Praxis aufgeteilt haben. Die **Grundschläge,** der **Aufschlag** und der Aufschlag-Return sollten Ihnen dabei im ersten Teil ein Gefühl für Ball und Schläger vermitteln. Im zweiten Teil widmen wir uns dem **Volley,** dem **Lob,** dem **Schmetterball** und dem für das Spiel so überaus wichtigen **Angriffsschlag,** als Serve gespielt wie auch als Volley. Am Ende des ersten Teils sollten Sie so ganz allmählich mit dem Spiel um Punkte beginnen, am Ende des zweiten Teils steht das Match mit allem, was dazu gehört. Da die meisten Menschen aber nicht gleich schnell lernen, sollten Sie niemals aufgeben – auch wenn Sie im Zeitplan hinterherhinken.

Aufschlagen

Erster Teil		Stunden	Seite
AUFGABE 1	Ballgefühl	1	28-31
AUFGABE 2	Vorhand-Drive	1-1^1/$_2$	32-37
AUFGABE 3	Rückhand-Drive	1-1^1/$_2$	38-43
AUFGABE 4	Beidhändige Rückhand	1^1/$_2$	44-45
AUFGABE 5	Aufschlag	1	46-55
AUFGABE 6	Aufschlag-Return	1	56-59

Ausholen

Griff drehen

WAS SAGEN DIE SYMBOLE?

ZEITRAUM

Auf der ersten Seite einer jeden neuen Technik soll eine kleine Uhr in ihrem blauen Abschnitt anzeigen, wie lange Sie brauchen sollten, um die Aufgabe zu erlernen. Die Uhr auf Seite 32 beispielsweise gibt Ihnen eine Stunde für die erste und 1,5 Stunden für die zweite Technik Zeit. Nehmen Sie dies aber bitte nur als ungefähren Anhaltspunkt.

SCHWIERIGKEITSSTUFE

Jede Technik wird anders eingeschätzt. Ein Punkt heißt, daß sie normalerweise einfach zu erlernen ist, fünf Punkte stellen hohe Anforderungen.

TENNIS-MÄNNCHEN

Die Tennis-Männchen sollen Ihnen helfen, sich der Technik Schritt für Schritt zu nähern. Das blaue Männchen weist auf den Abschnitt hin, den Sie auch im Buch als Bild finden werden.

Einschätzen

Schmettern

Erster und zweiter Flug

Zweiter Teil	Stunden	Seite
AUFGABE 7 Vorhand-Volley	1	60-63
AUFGABE 8 Rückhand-Volley	1	66-71
AUFGABE 9 Lob-Abwehr	1	72-75
AUFGABE 10 Schmetterball	1	76-79
AUFGABE 11 Angriffsschlag	1	80-81
AUFGABE 12 Serve & Volley	1	82-83

Slice und Spin

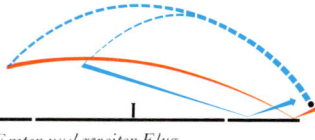

*Praktische
Volley-
Tips*

Volley

AUFGABE

1

BALLGEFÜHL

*Entwickeln Sie ganz natürliche Reaktionen, mit dem Tennisball
spielerisch umzugehen*

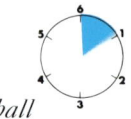

WERFEN SIE sich zuerst mit Ihrem Partner mehrmals gegenseitig einen Tennisball zu, um Ihr Ballgefühl zu überprüfen. Beginnen Sie mit einfachem Werfen und Fangen und steigern Sie die Intensität, indem Sie sich den Ball im Laufen zuspielen. Auch lassen sich kleine Wettspiele veranstalten, beispielsweise: Wie lange können wir uns den Ball zuwerfen, ohne daß er auf den Boden fällt? Das macht Spaß und erhöht die Konzentration.

ZIEL: Ein gutes Ballgefühl entwickeln und steigern, wie man es später besonders zum **Serve- und Volleyspiel** braucht.
Schwierigkeit •

FANGEN UND WERFEN

Spielen Sie mit einem Partner den Ball hin und her. Dann lassen Sie den Ball in der Mitte aufprallen und fangen Sie ihn in Höhe Ihrer Hüfte, bevor er ein zweites Mal den Boden berührt.

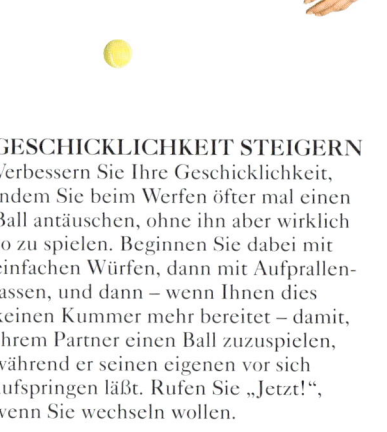

GESCHICKLICHKEIT STEIGERN
Verbessern Sie Ihre Geschicklichkeit, indem Sie beim Werfen öfter mal einen Ball antäuschen, ohne ihn aber wirklich so zu spielen. Beginnen Sie dabei mit einfachen Würfen, dann mit Aufprallenlassen, und dann – wenn Ihnen dies keinen Kummer mehr bereitet – damit, Ihrem Partner einen Ball zuzuspielen, während er seinen eigenen vor sich aufspringen läßt. Rufen Sie „Jetzt!", wenn Sie wechseln wollen.

MIT FLACHER HAND

Spielen Sie sich den Ball mit den geöffneten Handflächen zu und treffen Sie ihn wie beim **Grundschlag,** nachdem Sie ihn in weitem Abstand zum Körper bis in Hüfthöhe fallen gelassen haben. Versuchen Sie einen **schnellen Ballwechsel** zu erreichen, gegen eine Wand oder über das Netz mit Ihrem Gegenüber.

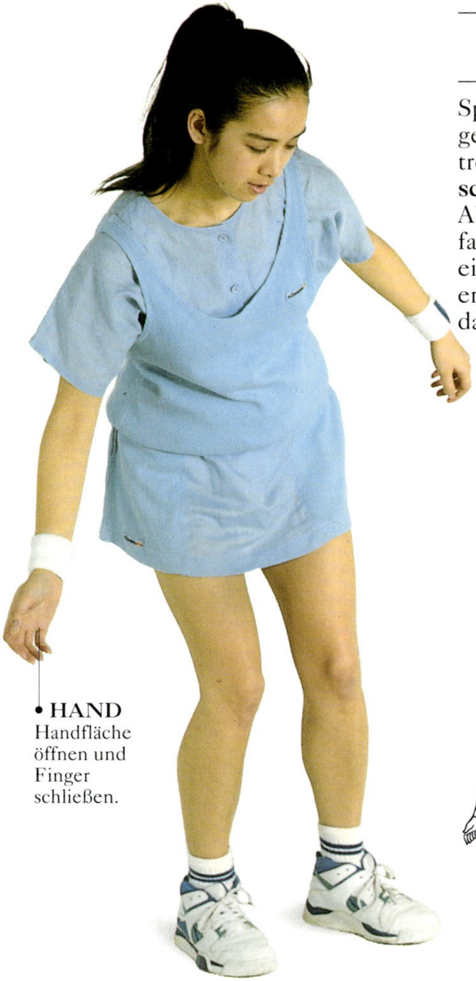

VON HAND ZU HAND

Spielen Sie den Ball nach vorn und auch zur Seite, wenn Sie ihn mit Ihren zu einer Trefffläche geschlossenen Fingern schlagen. Schwingen Sie dabei Ihren Arm weit genug vom Körper, und schlagen Sie den Ball möglichst fest mit der offenen Handfläche, um Ihren Partner auch über längere Distanzen zu erreichen.

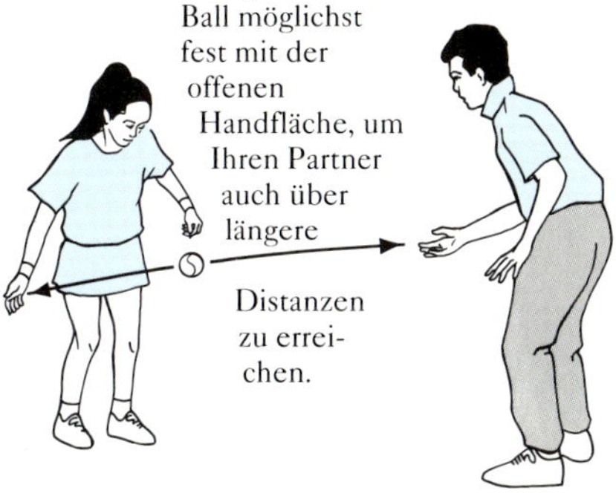

• HAND
Handfläche öffnen und Finger schließen.

SOFT-TENNIS

MIT SPIEL ZUM MEISTER
Mini-Tennis, auch als Soft-Tennis bekannt, ist gut geeignet zur Verbesserung des Ballgefühls. Es wird auf einem Platz mit Badminton-Maßen ausgetragen (13,4 x 6,1 Meter) und einer Netzhöhe von 80 Zentimetern. Die Schläger sind leicht, kurz und aus Plastik, die Bälle aus Schaumstoff.

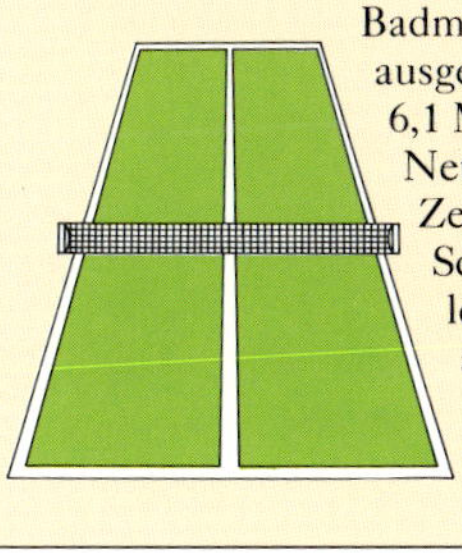

Kurze Tennisschläger

Schaumstoffbälle

Gewonnen hat, wer zuerst elf Punkte erzielt bzw. nach einem 10 zu 10 einen Mindestvorsprung von zwei Zählern aufweist. Dieses Spiel hat sich mittlerweile nicht nur bei Kindern durchgesetzt; auch die Großen können hierbei noch sehr viel lernen.

FANGKONTROLLE

HAND-AUGE-KOORDINATION

Ein gutes Ballgefühl ist sehr wichtig für eine gute Hand-Auge-Koordination. Versuchen Sie, folgende Übungen auszuprobieren.

1. Werfen Sie den Ball in die Luft, und fangen Sie ihn beim Herunterfallen wieder auf. Tun Sie dies zuerst mit beiden, dann mit einer Hand.

2. Spielen Sie sich den Ball von der rechten in die linke Hand und umgekehrt.

3. Lassen Sie den Ball aufprallen und fangen Sie ihn, erst mit beiden, dann mit einer Hand.

4. Die gleiche Übung wie unter 3, doch machen Sie vorher jeweils eine volle Drehung um die eigene Achse.

ANDERE ÜBUNGEN

Spielen Sie einmal Basketball, das bringt Kondition und Sicherheit in den Bewegungen.

REAKTION

Stellen Sie sich mit dem Rücken zum Partner auf, rufen Sie seinen Namen und werfen Sie ihm dann einen Tennisball zu. Er sollte sich umdrehen, den Ball wahrnehmen und nach ihm fassen. Auf jeden Fall sollte er sich nicht umwenden, bevor Sie seinen Namen gerufen haben.

AUGENKONTAKT •
Wenn Sie Ihren Namen hören, drehen Sie sich um, und schauen Sie nach dem Ball.

HÄNDE •
Suchen Sie mit Augen und Händen nach dem Ball.

HÜFTE •
Verbessern Sie Ihr Gleichgewichtsgefühl, indem Sie sich schon vorher in der Hüfte drehen.

SPÄTER RUFEN
Sollte Ihnen die obige Übung bereits gut gelingen, sollten Sie dazu übergehen, den Namen Ihres Partners immer später zu rufen. So wird es ihm um so schwerer fallen, rechtzeitig zu reagieren und den Ball zu fangen.

BALLKONTROLLE

Halten Sie Ihren Tennisschläger mit festem Handgelenk und versuchen Sie, den Ball auf den Tennissaiten aufspringen zu lassen. Anschließend können Sie die Übung so erschweren, indem Sie nach jedem Aufprall des Balles das Racket drehen und die Schlägerseite wechseln.

• **GRIFFHALTUNG**
Benutzen Sie einen natürlichen Griff, und halten Sie den Schläger fest, wenn der Tennisball auf den Saiten aufspringt.

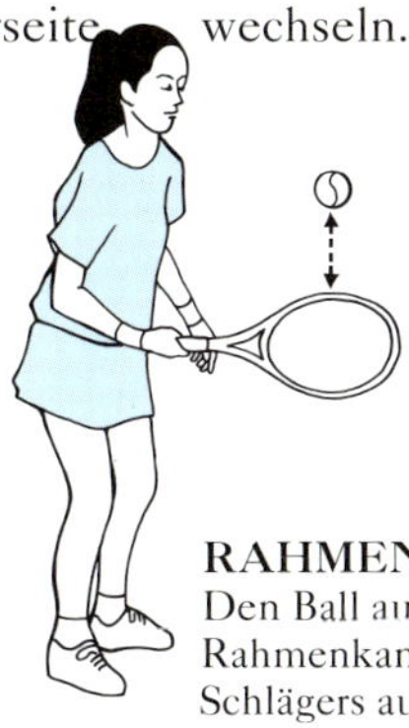

RAHMENBALL
Den Ball auf der Rahmenkante des Schlägers aufprallen zu lassen, gehört zu den schwierigsten Übungen der Ballgewöhnung. Halten Sie deshalb den Schläger ganz gerade, und machen Sie keine unnötigen seitlichen Bewegungen.

SCHWINGEN, WERFEN UND SCHLAGEN

FÄHNCHEN
Befestigen Sie Papier- oder auch Stoffähnchen an dem Rahmen Ihres Schlägerkopfes, um die drei wichtigsten Bewegungen im Tennis zu erlernen – schwingen, werfen, schlagen. Langes Schwingen ist besonders nötig beim **Grundschlag,** bei dem das Tempo dazu führt, daß der Ball rasch zurückgespielt werden kann. Werfen muß man beim Ballanwurf zum Service, wenn der Schläger den Ball im höchsten Moment treffen sollte – das gleiche gilt für den Überkopf-Schmetterball. Beim Vollieren wird mit Druck gespielt, um die Kraft des auftreffenden Balles in neue Energien umzuwandeln und anschließend wieder ins gegnerische Feld zu treffen.

Volley

Grundschlag

Aufschlag

AUFGABE

2

VORHAND-DRIVE

Der üblichste **Grundschlag,** *der sich sowohl aus geschlossener als auch aus halb-offener Stellung spielen läßt*

Der Vorhand-Drive ist der häufigste **Grundschlag** beim Tennis – für den Anfänger und für den fortgeschrittenen Spieler. Wie ein Ritter mit Schwert und Schild in der Linken, haben Tennisspieler das natürliche Verlangen, den Ball mit der **Vorhand**seite anzugreifen. Sollten Sie auch diesen Drang verspüren, geben Sie ihm nach, und gewöhnen Sie sich von Anfang an daran, sich aggressiv zu nähern. Merke: Ein Tennisspieler ohne harte **Vorhand** ist wie ein Cowboy ohne Gewehr.

ZIEL: Ein Allround-Angriffsschlag, mit dem man das Spiel aus dem Hinterfeld bestimmen und das Netzspiel vorbereiten kann. *Schwierigkeitsstufe* ••

ZIELEN, TIMEN, KONTROLLIEREN

Gebogene Flugbahnen verhindern hohe Fehlerquoten.

SCHLAGFORM
Sollten Sie mit **Vorhand** oder Rückhand zu nahe an die **Grundlinie** spielen, sollten Sie eine andere Netzhöhe wählen.

DIE SCHLEIFE
Entspannen Sie Ihre Ellenbogen beim Ausholen des Schlägers, und machen Sie während der Schlagbewegung eine rhythmische Schleife.

MIT DER SCHULTER ZIEHEN
Drehen Sie Ihre Schultern bei der Vorbereitungsphase auf den Schlag so, daß die Schulter des nicht-spielenden Armes dem ankommenden Ball entgegenzeigt.

FUSSARBEIT
Stellen Sie sich seitlich zum Ball auf, indem Sie den rechten Fuß leicht drehen und einen Schritt mit dem linken Fuß machen. Arbeiten Sie an der Fußarbeit und deuten Sie gleichzeitig den **Grundschlag** an.

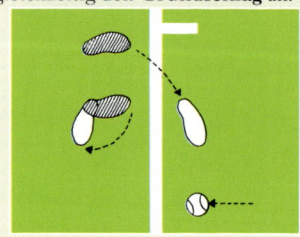

SPIELPRAXIS

CROSSBÄLLE

Lassen Sie den Ball einmal auftupfen, und holen Sie von unten aus, um einen Schlag anzudeuten. Wenn dies bereits gut klappt, können Sie allmählich damit beginnen, **Crossbälle** von einer **Grundlinie** zur anderen zu spielen. Das sollten Sie in kurzen, **schnellen Ballwechseln** tun und immer darum bemüht sein, den Ball auf die Vorhandseite des Gegners zu plazieren. Gehen Sie zwischendurch immer wieder zur **Mitte** der Grundlinie zurück, um in Bewegung zu bleiben. Anfänger sollten gleich vom Mittelfeld aus mit der Übung beginnen.

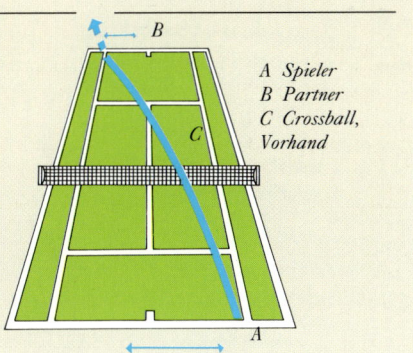

A *Spieler*
B *Partner*
C *Crossball,*
Vorhand

• GLEICHGEWICHT

Strecken Sie den nicht-spielenden Arm aus, um sich besser im Gleichgewicht halten zu können. Um für ein sicheres Gefühl beim Vorwärtsschwingen zu sorgen, sollten Sie mit dem Schlägerkopf eine Schleife beschreiben.

---

2. Schritt

AUSHOLEN

Gehen Sie in Seitstellung, lösen Sie den Arm der nicht-spielenden Hand und beugen Sie Ihre Knie, während Sie das Racket in Schlaghöhe zurücknehmen. Danach sollten Sie mit der Schleife des Schlägerkopfes beginnen.

• GRIFF

Benutzen Sie den „Shake hands"- Griff, und achten Sie darauf, den Zeigefinger so um den Griff zu legen, daß sich der Schläger besser kontrollieren läßt.

• KNIE

Drehen Sie sich auf den rechten Fuß, und lassen Sie dabei die Knie gebeugt.

• RECHTER FUSS

Bereiten Sie sich auf einen Schritt vor, wenn Sie mit dem Schwung beginnen.

AUFGABE

2

3. Schritt

DER SCHLAG

Machen Sie mit Ihrem linken Fuß einen Schritt nach vorn, und schwingen Sie den Schläger, um den Ball beim Herunterfallen in Hüfthöhe zu treffen.

SCHLÄGER-ARM-DISTANZ

Strecken Sie den Schlägerarm während des Aufpralls des Balles. Sollten Ihre Ellenbogen dabei gebeugt sein, stehen Sie viel zu dicht zum Ball, d.h. Sie verlieren Kraft und Kontrolle über den Ball.

KOPF •

Halten Sie den Kopf gerade, und achten Sie auf den Ball.

• SCHULTER

Drehen Sie Ihre rechte Schulter mit in den Schlag.

• SICHERHEIT

Halten Sie Ihren Griff, und spielen Sie während des Aufpralls mit festem Handgelenk.

SCHWINGEN •

Schwingen Sie den Schlägerkopf von Hüfte zu Hüfte, um einen perfekten Schlag auszuführen.

• KNIE

Verlagern Sie Ihr Gewicht nach vorn über das gebeugte linke Knie, um für einen sicheren Stand zu sorgen.

• FÜSSE

Halten Sie Ihre Füße parallel und mehr als schulterbreit auseinander, um während des Schlages sicher zu stehen.

TAKTIK

Spielen Sie tiefe **Crossbälle** auf die Vorhand des Gegners oder **Bälle die Linie entlang** in dessen Rückhandecke oder aber einen angeschnittenen Crossball (einen, der nahe der Aufschlag- und der Seitenauslinie aufkommt).

HALTUNG
Halten Sie Ihren Kopf gerade, wenn der Schläger Ihre Kopfhöhe erreicht hat.

— 5. Schritt —

DURCHSCHWINGEN

Lassen Sie Ihren Schläger kräftig durch die **Schlagzone** schwingen. Halten Sie dabei den Schlägerkopf so, als wolle er dem Ball folgen.

GRIFFHALTUNG
Spielen Sie zur Kontrolle mit festem Handgelenk und gespreiztem Zeigefinger.

DER TOPSPIN

TOPSPIN-VORHAND-DRIVE

Wenden Sie den Topspin an, wenn Sie Ihren Gegner überraschen und mit der Vorhand angreifen wollen. Benutzen Sie den **Eastern-** oder **Halb-Western-Griff** (Seite 20), und beachten Sie die drei nun folgenden Aktionen.

AUSHOLEN

Holen Sie mit Ihrem Racket in Schlaghöhe aus, und beschreiben Sie auf dem Weg nach vorn mit dem Schläger eine **Schleife.** Halten Sie dabei das Handgelenk nicht ganz so fest wie beim normalen Drive..

SCHLAG

Streifen Sie während der Schwungbewegung mit den Saiten die Rückseite des Tennisballes, um ihm den Drall des Topspins zu geben.

DURCHSCHWINGEN

Schwingen Sie den Schläger nach oben; lassen Sie Ihren Ellenbogen so lange gebeugt, bis Sie den Schläger über die linke Schulter ausgeschwungen haben.

FEST STEHEN
Schieben Sie sich mit Ihrem Körper durch die **Schlagzone.** Ihr rechter Fuß sollte Ihnen dabei Halt geben, wenn Sie in die Anfangsposition zurückgehen.

VORHAND-DRIVE IN AKTION

Statische Arbeit übt zwar sehr gut, aber wenn es darum geht, sich einmal richtig zu messen, ist Dynamik gefragt. Diese Bildreihe soll Ihnen die Vorbereitung, die Fußstellung und die eigentliche **Schlagphase** vermitteln. Stehen Sie fest, und machen Sie runde Bewegungen von Anfang bis Ende: Nur so können Sie wirkungsvoll den Schlag erwarten oder in Ihre vorherige Position zurückkehren.

ANGRIFFSSPIEL

PLAZIEREN

Spielen Sie Ihren **Vorhand-Drive** weit in die Vorhand- bzw. Rückhandecke Ihres Gegners, um ihn im **Hinterfeld** zu halten. Spielen Sie am besten **Crossbälle,** und warten Sie so lange, bis Sie Ihr Gegenüber mit einem **Ball die Linie entlang** überraschen können. Danach wird es für Sie sehr einfach sein, den Ball zu returnieren.

• AUSHOLEN
Beginnen Sie Ihre Ausholbewegung lange vor der **Schlagphase** – es sei denn, Sie setzen zu einem schnellen, alles entscheidenden Schlag an.

• FUSSARBEIT
Drehen Sie sich **seitwärts,** nehmen Sie ein Bein vor, und passen Sie sich mit der Fußarbeit Ihren Bewegungen an.

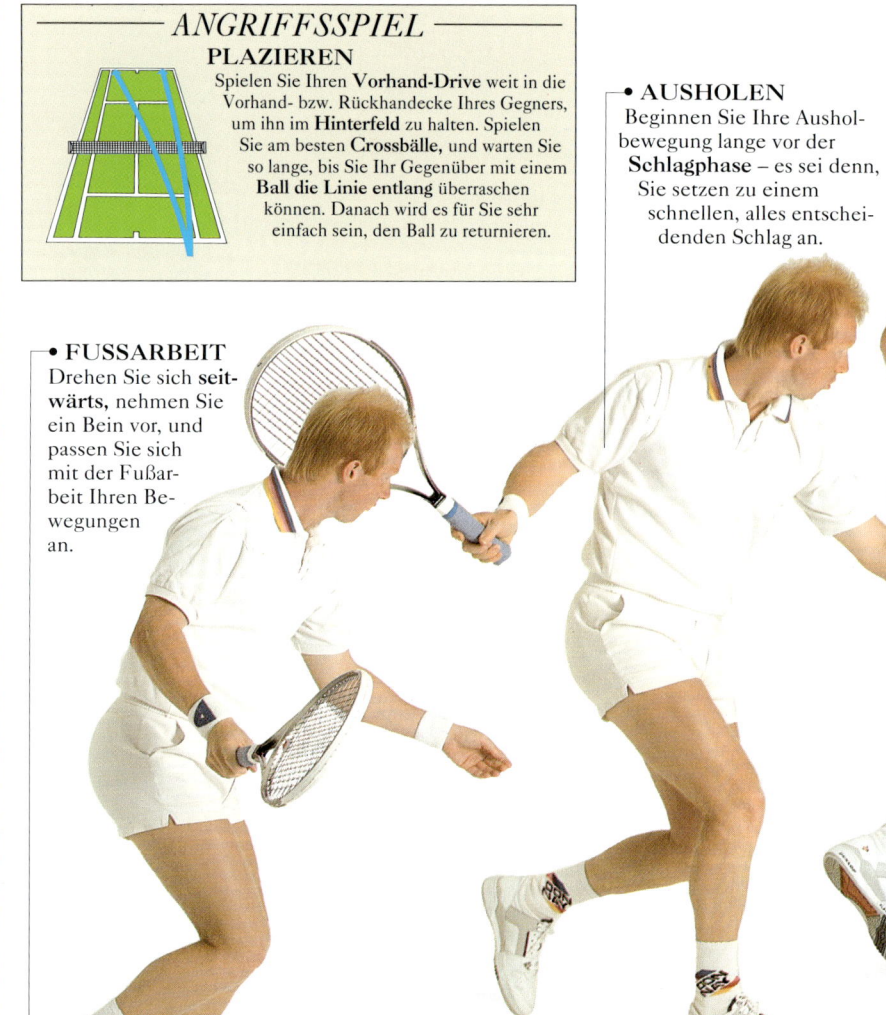

ÜBERRISSEN

TAKTIK

Der überrissene **Crossball** ist äußerst wirkungsvoll, wie hier zu sehen. Denn in der Regel landet der Ball nahe der **Seitenauslinie** oder zwischen **Grund- und Aufschlaglinie**, so daß der Gegner meist weite Wege gehen muß, um den Ball zurückspielen zu können.

• DER IMPULS
Bei langen Bällen sollten Sie Ihr hinteres Bein nach dem Schlag lösen, um anschließend für den nächsten Ball gleich wieder in Gang zu kommen.

DURCHSCHWINGEN •
Schwingen Sie ruhig aus, aber senken Sie sofort den Schläger, wenn Sie glauben, zu hoch zu sein; stehen Sie danach fest, und schauen Sie dem Ball nach.

SICH LÖSEN •
Die feste, parallele Haltung des Spielers zum ankommenden Ball wird abgelöst durch einen Schritt nach vorn in den Ball.

AUFGABE

3

RÜCKHAND-DRIVE

Der Grundschlag-Partner des Vorhand-Drives

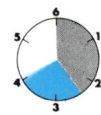

DER **RÜCKHAND**SCHLAG ist zwar schwieriger zu spielen, dafür aber weniger kräftezehrend als der **Vorhand**schlag. Ein fester Griff und eine schnelle Körperdrehung sollten ihn so gefährlich machen wie eine, sagen wir, bissige Klapperschlange. Benutzen Sie den vollständigen **Eastern-Rückhandgriff.**

ZIEL: Sorgen Sie für eine sichere Abwehr, und entwickeln Sie gleichzeitig eine gute Angriffswaffe. *Schwierigkeitsstufe* •• (Griffwechsel)

--- 2. Schritt ---

AUSHOLBEGINN

Schauen Sie in **Ausgangsstellung** zum Netz. Nehmen Sie Ihren Schläger vor den Körper, und unterstützen Sie ihn dadurch, daß Sie die Hand des nicht-spielenden Arms an den Hals des Schlägerkopfes nehmen.

• **KOPF**
Halten Sie Ihren Kopf gerade, wenn Sie beim Ausholen mit der linken Drehung beginnen

GRIFFHALTUNG
Halten Sie den Schläger fest und nehmen Sie die nicht-spielende Hand so dazu, daß sie zwischen Daumen und Zeigefinger am Hals des Schlägerkopfes ein „V" bildet.

• **GRIFF**
Benutzen Sie zuerst den „Shake hands" (Eastern)-**Vorhand**griff, wechseln Sie dann nach Gefühl.

KNIE •
Entspannen Sie Ihre Knie, und beugen Sie das hintere Knie, je mehr Sie sich herumdrehen.

FÜSSE •
Halten Sie das Gleichgewicht, drehen Sie sich über dem linken Fuß, und verlagern Sie Ihr Gewicht dorthin, je mehr Sie mit dem Schläger ausholen.

3. Schritt
VOLL AUSHOLEN

Drehen Sie Ihre Schultern und belasten Sie das linke Bein. Halten Sie dabei die nicht-spielende Hand am Schlägerkopfe und bringen Sie das Racket bis hinter Ihre linke Hüfte.

HALTUNG •
Schauen Sie über die Schlagschulter dem Ball entgegen.

HÜFTE •
Drehen Sie Ihren ganzen Körper herum, und versuchen Sie Ihre Hüften parallel zum Flug des Balls zu halten; holen Sie gleichzeitig mit dem Racket in Schlaghöhe aus.

SCHLAG-AUSGLEICH
Vervollständigen Sie die Ausholbewegung. Ihre nicht-spielende Hand unterstützt weiter den Schlägerkopf, und Ihr Gleichgewicht ist verteilt – bereit, sich nach vorn zu verlagern und den Schritt des rechten Fußes zu ermöglichen.

• BEUGEN
Lassen Sie Ihr hinteres Knie gebeugt, während Sie sich drehen, um den Schlag auszuführen.

DER RÜCKHAND AUF DER SPUR

WIE NÄHERE ICH MICH?
Wenn der Ball auf Sie zukommt, sollten Sie einen kleinen Schritt mit Ihrem vorderen Fuß machen. Beim Verlagern des Gewichts auf diesen Fuß, drehen Sie sich am besten so vom Ball weg, daß Sie den Schlagarm weit ausstrecken können. Folgen Sie beim Ausschwingen der Ballbewegung.

DAS BRINGT POWER
Sollten Sie merken, daß es Sie zuviel Kraft kostet, ständig die Schultern zum Schlag zu drehen, versuchen Sie zur Entspannung einmal dies: Sie schauen zum Netz, und Ihr Partner spielt Ihnen die Bälle immer auf Ihrer Schlagseite zu. Beobachten Sie den Ball, und gehen Sie dann in die **Rückhand.**

FUSSARBEIT
Drehen Sie sich aus der Ausgangsstellung heraus auf den linken Fuß, und machen Sie mit dem rechten Fuß einen Schritt beim Schlagen. Erst ein Aufsetzen des hinteren Fußes während der **Schlagphase** ermöglicht Ihnen eine saubere Fußarbeit.

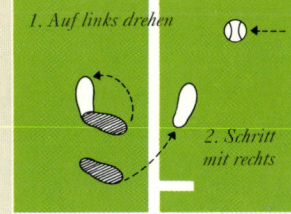

1. Auf links drehen

2. Schritt mit rechts

AUFGABE

3

───── 4. Schritt ─────

DER SCHLAG

Nehmen Sie die unterstützende
Hand vom Schläger, und
beschreiben Sie mit
Ihrem Racket eine
flache Schleife,
um das Vorwärts-
schwingen zu
beschleunigen.

**SCHLÄGER
HOCH •**
Halten Sie den
Schlägerkopf am
höchsten Punkt
des Schwunges
hoch.

VOGELPERSPEKTIVE
Achten Sie beim Blick von oben darauf,
wie der Spieler in der **Seitwärtsstellung** den Ball vorn und in weiter
Distanz zum Körper schlägt. Dabei
sollte Ihnen der Rückhandgriff
während des Schlages ein gewisses
Maß an Sicherheit geben.

**HAND-
ARBEIT •**
Der **Eastern-Rück-
hand**griff und das
feste Handgelenk
sollten gemeinsam
für einen kraft-
vollen und
kontrollierten
Rückhand-
Drive sorgen.

**KONZEN-
TRATION •**
Schauen Sie auf den
Ball und folgen Sie
ihm bis zum Aufprall mit
den Augen; der Kopf
bleibt dabei ruhig.

**• GLEICH-
GEWICHT**
Strecken Sie
Ihren Arm aus,
nachdem Sie die
Hand vom
Schlägerhals
genommen
haben.

• SCHLAGWINKEL
Halten Sie Ihren Schlä-
gerarm beim Aufprall
gerade und das Hand-
gelenk fest. Der Schlägerkopf sollte ein wenig nach
hinten geneigt sein, um
den Drall zu fördern.

• GEWICHT
Verlagern Sie Ihr
Gewicht auf das
vordere,
gebeugte Bein,
während Sie den
Schlägerkopf
hochnehmen, um
den Ball zu treffen;
bleiben Sie mit den
Zehen des hinteren
Fußes fest auf dem
Boden.

FÜSSE •
Machen Sie mit Ihrem vorderen
Fuß einen Schritt nach vorn, um
für einen sicheren Stand beim
Schlag zu sorgen.

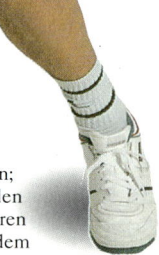

FÜR SCHWUNG SORGEN

RAUM
Schaffen Sie sich genügend Platz, um richtig auszuschwingen und den Ball zu schlagen; dabei sollten Sie immer gleichzeitig den Schritt nach vorn und den Schwung machen. Verbinden Sie den Rück- und Vorwärtsschwung mit einer flachen **Schleife**, die den Schläger von unten nach oben durch die **Schlagphase** führen sollte.

KRAFT
Daß die Rückhand oft mit nicht allzuviel Druck gespielt werden kann, liegt an der Loslösung der Schlägerarmbewegung vom übrigen Körper. Daher sollten Sie sich, um für mehr Kraft zu sorgen, kontrolliert um Ihren hinteren Fuß drehen und die Schulter des Schlägerarms in Richtung Netz zeigen lassen. Holen Sie mit dem Schläger aus, und bereiten Sie sich auf den Schlag vor.

FRISBEE
Zur Übung könnten Sie einmal einen Frisbee zur Hand nehmen und ihn zum Partner spielen, oder sich gegenseitig die Hülle des Schlägerkopfes von **Grundlinie** zu **Grundlinie** über das Netz werfen.

---

5. Schritt

DURCHSCHWINGEN

Folgen Sie mit dem Schläger dem Ball in die Richtung nach, in die Sie ihn gerade gespielt haben.

• SCHLÄGER-ARM
Halten Sie den Schlägerarm gestreckt und den Kopf während der Schlagphase ein wenig gesenkt. Beenden Sie den Rückhandschlag – noch immer mit gestrecktem Arm – vor Ihnen ungefähr in Kopfhöhe.

• STELLUNG
Stehen Sie während des Schlages in **Seitwärtsstellung**, gehen Sie dann in Ausgangshaltung zurück, und schauen Sie wieder dem Netz entgegen.

A *Spieler*
B *Partner*
C *Crossball, Rückhand*

GEWICHT •
Stehen Sie fest beim Schlagen, indem Sie sich mit Ihrem Gewicht über das gebeugte Knie schieben. Die Arme und der hintere Fuß wirken als Stabilisatoren.

ZEHEN •
Die Zehen des hinteren Fußes sollten stets Kontakt zum Boden haben.

PARTNERÜBUNG
Spielen Sie sich mit Ihrem Partner abwechselnd Crossbälle auf der Rückhand zu, am besten 10- bis 20mal schnell hintereinander.

AUFGABE

3

RÜCKHAND-DRIVE IN AKTION

Die Fähigkeit, laufen, drehen, schlagen
miteinander zu verbinden, kann nur so
entwickelt werden: durch üben, üben, und
nochmals üben. Die Bildreihe unten soll
Ihnen verdeutlichen, wie man Kraft und
Zeit spart und den Schlag ausführt, ohne
sich gleich dabei zu übernehmen. Gehört
der **Rückhand**-Drive erst einmal zu
Ihrem **Grundschlag**-Repertoire,
werden Sie ein Könner auf dem Platz sein.

ANDERSHERUM •
Treten Sie fest auf, und zwar in die
entgegengesetzte Richtung, in die
Sie eigentlich wollen. Dadurch holen Sie sich den Schwung, den Sie
später beim Schlagen brauchen.

ELLENBOGEN •
Drehen Sie sich über den hinteren Fuß
und halten Sie den Schläger ganz dicht
am Körper; beim Vorwärtsschwingen
sollten Sie den Arm strecken und die
Ellenbogen nach außen bringen.

TIMING •
Gute Fußarbeit und Stellung ermöglichen gutes
Timing. Außerdem sollten Sie den Ball erst dann mit
Ihrem **Rückhand**schlag treffen, wenn er beim Aufspringen seine höchste Stelle erreicht hat und bereits
wieder herunterfällt. Je geübter Sie später werden,
desto früher können Sie dann den Ball spielen.

VARIATIONEN

BALL AM KÖRPER

Sollte der Ball direkt auf Sie zukommen, gehen Sie am besten aus seiner Flug-linie heraus, indem Sie mit dem vorderen Fuß einen Schritt zur Seite machen. Lehnen Sie sich beim Ver-lagern Ihres Gewichtes weit weg vom Ball, damit Sie ihn unbedingt mit ge-strecktem Arm spielen können.

HOHER BALL

Kommt ein Ball sehr hoch an-geflogen, sollten Sie Ihren Schlä-ger auch hochnehmen, aber dabei niemals viel höher gehen als bei der Schlaghöhe eines Drives. Ziehen Sie den Schlägerkopf nach oben, um den Ball in der Mitte zu treffen, und schwingen Sie mit gestrecktem Arm aus.

• EINLEITEN

Nähern Sie sich dem Ball beim Lau-fen in einem leichten Bogen, um parallel bzw. hinter den Ball zu kom-men. Beginnen Sie dabei recht früh mit dem Ausholen, und machen Sie einen kleinen, seitlichen Schritt, um die Schlagphase einzuleiten.

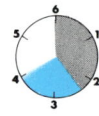

BEIDHÄNDIGE RÜCKHAND

Die optimale Ergänzung zum Vorhand-Drive

Die beidhändige Rückhand bietet sich vor allen Dingen für junge Tennisspieler an, denen noch die Kraft für einen harten Schlag fehlt – das gleiche gilt allerdings auch für ältere, die gerade mit dem Spiel beginnen. Außerdem unterstützt die beidhändige Rückhand den Topspin-Ball und sorgt für ein besseres Gefühl, was Kraft und kontrolliertes Schlagen angeht.

Ziel: Einen neuen Gegenangriffsschlag lernen.
Schwierigkeitsstufe ••

—— 1. Schritt ——
AUSHOLEN

Nehmen Sie während der Drehung die zweite Hand dazu, und holen Sie bis zur Schlaghöhe aus.

—— 2. Schritt ——
SCHLAG

Machen Sie einen Schritt mit Ihrem rechten Fuß, und schwingen Sie den Schläger bis vor Ihre Hüfte.

GRIFF •
Eine wirkungsvolle, beidhändige Rückhand erfordert Kraft und kontrolliertes Schlagen.

NACH UNTEN •
Der Schlägerkopf zeigt nach unten.

SCHWUNG •
Schwingen Sie Ihren Schläger aus und treffen Sie den Ball.

• **GLEICHGEWICHT**
Das Gewicht wird über dem gebeugten, vorderen Knie und dem hinteren Bein verteilt.

• **GEWICHT**
Verlagern Sie Ihr Gewicht auf das vordere Bein.

GRIFFWECHSEL

DIE TECHNIK
Fassen Sie mit der zweiten Hand an den Schläger, und drehen Sie die Spielhand so weit einwärts, daß an der Innenkante des Griffes, zwischen Daumen und erstem Finger, ein „V" entsteht (Seite 21). Nehmen Sie die helfende Hand bei der linkshändigen **Vorhand** unter die rechte Hand.

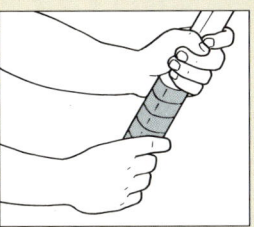

Ausgangshaltung

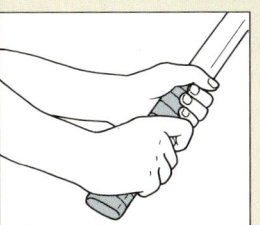

Rückhandwechsel

HÖHE •
Die richtige Höhe für einen Topspin-Ball.

HANDGELENK •
Ein festes Handgelenk und ein gestreckter Arm in Spielrichtung des Balles – das sind die Voraussetzungen für einen guten **Spin.** Schwingen Sie den Schlägerkopf ein wenig höher aus, denn nur so wird der Ball genügend Drall bekommen.

TOPSPIN •
Sie können den Ball viel besser kontrollieren, wenn Sie die Ellenbogen hochnehmen.

KNIE •
Verlagern Sie Ihr Gewicht auf das gebeugte vordere Bein.

---
3. Schritt

DURCHSCHWINGEN

Sie sollten Ihren Körper, besonders den Oberkörper, richtig ausdrehen, wenn Sie sich zum Ball hinbewegen. Die Höhe des Schlägers beim Ausschwingen ist vor allem für die Ausführung eines Topspins wichtig, achten Sie jedoch darauf, beim Schlagen immer einen sicheren Stand zu haben.

TEMPO
Folgen Sie dem Ball mit dem Schlägerkopf nach, um mehr Druck in den Spin zu bekommen – so wie Sie es schon vom **Rückhand**grundschlag kennen (Seite 41).

• STABILITÄT
Der hintere Fuß sichert das Gleichgewicht.

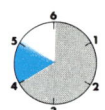

5 AUFSCHLAG

*Der wichtigste Schlag beim Tennis, denn hierdurch
entscheidet sich das Spiel*

Der Aufschlag bestimmt das gute Tennisspiel: Zwar wirkt er am Anfang recht harmlos und bewegungslos, doch kann er, wenn man ihn erst einmal beherrscht, für wahre Kanonenschläge im Feld des Gegners sorgen. Sie sollten daher von den Fußknöcheln aufwärts ein Gefühl entwickeln, das sich zum Sammeln der ansteigenden Schlagkraft durch den ganzen Körper zieht: durch die Beine, Hüften, Bauch, Rücken, Schultern, Spielhand und Handgelenk – so lange, bis sich die Kraft beim Aufprall in eine „anatomische Explosion" entlädt. Benutzen Sie dabei am besten den **Eastern-Vorhand-** oder den **Continental**-Griff.

ZIEL: Den Lauf des Spiels bestimmen und für Siegmomente sorgen.
Schwierigkeitsstufe •••

BÄLLEWERFEN

Der Aufschlag gleicht einem Überarmwurf: Lernen Sie also erst das Werfen mit dem Ball, dann können Sie später auch aufschlagen.

1. Spielen Sie sich, jeweils hinter der **Grundlinie** stehend, mit Ihrem Partner den Ball über das Netz aus der Hand heraus zu.

2. Machen Sie das gleiche wie oben, lassen Sie den Ball aber vorher einmal aufspringen.

3. Werfen Sie sich den Ball fünfmal gegenseitig zu, versuchen Sie es dann mit diagonalen Würfen in das Aufschlagfeld des Partners.

4. Wechseln Sie, fünfmal ins linke, fünfmal ins rechte **Aufschlagfeld.**

SO HÄLT MAN DEN BALL

RICHTIG FASSEN

Ergreifen Sie den Ball mit der nicht-spielenden Hand zwischen dem Daumen und den vier Fingern. Wollen Sie gleich zwei Bälle halten, nehmen Sie den einen Ball zwischen Daumen und Ihre ersten zwei Finger und den zweiten Ball mit drittem und viertem Finger, indem Sie ihn gegen die Handfläche drücken. Dann halten Sie den Ball gegen die Saiten des Tennisschlägers.

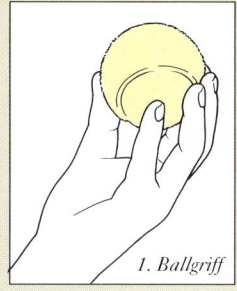

1. Ballgriff

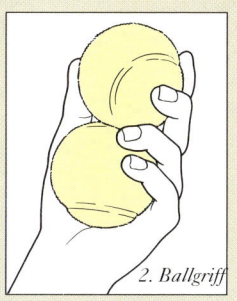

2. Ballgriff

——— 1. Schritt ———

DIE HALTUNG

Stellen Sie sich hinter der Grundlinie auf, **seitlich** zum Netz und mit schulterbreit ausgestellten Füßen. Beugen Sie die Knie ein wenig, und verlagern Sie das Gewicht auf den hinteren Fuß.

ARME •
Die Arme sind entspannt und zum Schwingen bereit.

STELLUNG •
Schauen Sie, **seitwärts** stehend, zum Gegner, ca. einen halben Meter von der **Mittelmarke** entfernt.

UNTERKÖRPER •
Beugen Sie Ihre Knie und verlagern Sie Ihr Gewicht auf den hinteren Fuß, die Zehen zeigen auf den rechten Netzpfosten. Bleiben Sie mit Ihrem Gewicht auf dem hinteren Fuß, bis es sich in die Arme überträgt.

• **ZIELEN**
Schauen Sie sich den Standpunkt Ihres Gegners an und entscheiden Sie, wohin Sie den Ball spielen werden. Halten Sie den Ball gegen die Tennissaiten, und beginnen Sie mit dem Aufschlag.

SCHLÄGER-KOPF •
Halten Sie den Ball gegen die Mitte der Schlägersaiten.

• **GRIFF**
Beginnen Sie mit dem **Vorhandgriff,** und benutzen Sie später, wenn Ihr Spiel besser wird, den **Continental-Griff.**

• **FÜSSE**
Stehen Sie parallel zur **Grundlinie,** mit schulterbreit ausgestellten Füßen.

AUFGABE

5

AUGEN •
Schauen Sie am linken
Arm entlang zum Ball.

• **ARME**
Strecken Sie
Ihren Wurfarm
ganz aus, bevor Sie
den Ball loslassen;
drehen Sie die Schul-
tern ein wenig, und
halten Sie die Ellen-
bogen beim Aufschlag
gebeugt, wenn sich der
Schläger hinten befindet.

• **SCHLÄGER**
Das Racket bildet eine
erdachte, diagonale Linie
von der Schlägerspitze
zum Ball.

— 2. Schritt —

AUSHOLEN

Lassen Sie Ihren Arm langsam bis
in Höhe der Hüfte sinken, der
Schläger bleibt dabei hinter dem Körper, und
das Gewicht ver-
lagert sich
auf das
gebeugte
Knie.

• **HÜFTE**
Drücken Sie Ihre Hüfte
ein wenig vor, um sich
für das Schlagen vorne zu
stabilisieren; das Gewicht
wird dabei auf das
vordere Knie verlagert.

• **VORDERER
FUSS**
Suchen Sie mit Ihrem
vorderen Fuß Halt, um
für die Unterstützung
beim Schlagen zu
sorgen.

HINTERER FUSS •
Der hintere Fuß sollte
immer im Kontakt zum
Boden bleiben, um die
Gewichtsverlagerung zu
unterstützen.

ÜBUNGEN ZUM AUFSCHLAGSPIEL

BALL ANWERFEN

1. Nehmen Sie die **Aufschlaghaltung** ein,
und halten Sie den Ball gegen die Saiten.

2. Holen Sie mit Ihrem Schläger von hinten aus,
während Sie Ihren linken Arm ausstrecken, um
den Ball hochzuwerfen – doppelt so hoch wie
die Höhe Ihres ausgestreckten Armes.

3. Lassen Sie Ihre Hand geöffnet, und fangen Sie den Ball auf; üben Sie dies so lange,
bis der Ball in Ihre Hand fällt, ohne sie nach
links oder rechts bewegen zu müssen.

FUSSTELLUNG

Stellen Sie sich hinter der **Grundlinie** auf, einen
halben Meter entfernt von der **Mittelmarke**.
Denken Sie sich eine Linie, die über die
Zehenspitzen bis in das Aufschlagfeld des
Gegners reicht.

FEHLER VERMEIDEN!

FUSSFEHLER

Der häufigste **Fußfehler** besteht darin, die **Grundlinie** mit den Füßen zu berühren, bevor der Ball geschlagen wurde. In dem Fall liegt die Hauptschuld meist an der zu späten Gewichtsverlagerung oder der falschen Stellung während des Aufschlages (Seite 23, 47)

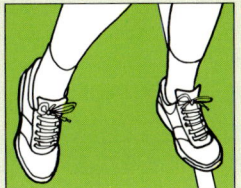

• SCHLAGHÖHE

Halten Sie Schlägerkopf und Wurfhand hoch, wenn der Ball den höchsten Punkt erreicht hat.

GRIFF •

Benutzen Sie anfangs den modifizierten Vorhandgriff, aber sobald Sie den Aufschlag beherrschen, sollten Sie sich an den **Continental**-Griff gewöhnen: Er sorgt nämlich erst für größere Reichweiten, ein festes Handgelenk und einen gestreckten Arm.

SCHLÄGERARM •

Halten Sie den Schlägerarm vom Körper weg, und beugen Sie den Ellenbogen, während Sie sich auf den Ballwurf vorbereiten.

HALT SUCHEN •

Der hintere Fuß sollte immer Kontakt zum Boden bewahren.

---
3. Schritt

BALLWURF

Werfen Sie den Ball vor sich hoch, ein wenig nach rechts hinüber. Beugen Sie Ihren Schlägerarm, wenn der Ball die Hand verläßt, und strecken Sie ihn danach ganz aus. Beim Höchststand des Balles sollten beide Arme ebenfalls nach oben zeigen.

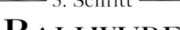

• KNIE BEUGEN

Beugen Sie Ihr vorderes Knie, um das Gewicht besser nach vorn zu verlagern.

AUFGABE

5

• BEIM BALL-ANWURF •

Ihr ausgestreckter Arm sollte sich oben befinden, wenn Sie den Schläger zum Schlagen nach oben bringen.

• SCHULTER

Sie können mehr Schlagkraft entwickeln, indem Sie die linke Schulter etwas höher halten.

———— 4. Schritt ————

BALLWURFPOSITION

Unterbrechen Sie nicht beim Ausholen, aber sollte Ihnen der Ballwurf mißlingen, lassen Sie den Schläger hinten im Rücken zwischen Ihren Schulterblättern.

KOLBENKRAFT

Stellen Sie sich vor, Ihr Schläger wäre ein Motorkolben: Erst durch das Zurücknehmen des Schlägers läßt sich die Kraft entwickeln, die man später braucht.

ELLEN-BOGEN•

Der Schläger sollte vom Körper ferngehalten werden; entspannen Sie Ihre Ellenbogen, und warten Sie in Ruhe die Ausholbewegung ab.

AN DER WAND

DIE ÜBUNGEN

An der Wand können Sie sämtliche Grundschläge üben. Stellen Sie sich beim Üben des Aufschlags 5-6 Meter vor der Wand auf, spielen Sie ein paarmal Service, aber dann unter ganz bestimmten Aspekten: Gewichtsverlagerung z.B., Ballanwurf oder Ausholbewegung.

• KNIE

Halten Sie sich über Ihrem vorderen, gebeugten Knie im Gleichgewicht.

HALT SUCHEN •

Das hintere Bein sollte Ihnen den nötigen Halt verschaffen.

5. Schritt
DER SCHLAG

Strecken Sie Ihre Beine und
nehmen Sie den Schläger-
kopf ganz nach oben.
Auch Ihr Körper ist
dabei voll ge-
streckt, während
die Zehen-
spitzen
Kontakt zum Boden halten.

STRECKUNG •
Durch die Körperstrek-
kung sorgen Sie für
einen Katapult-
Effekt auf der
rechten
Seite.

• **SCHLÄGER**
Treffen Sie die
Rückseite des
Balles in der Mitte
der Saiten.

GERADE ARME
Sie sollten den Ball mit
vollständig gestrecktem
Arm spielen, in einer Li-
nie mit der Schulter des
Schlägerarms. Üben Sie
den Ball ein wenig nach
rechts anzuwerfen, damit
Sie auch Ihre Schulter
ganz hochbringen
können. Beim Schlagen
lassen Sie den Arm der
Wurfhand sinken, um
das Gleichgewicht zu
sichern.

• **SCHULTER**
Drehen Sie Ihre Schlag-
schulter so schnell Sie
können ein, während Sie
den Arm strecken, um
den Ball zu schlagen.

GUTE KONTROLLE

TOPSPIN-AUFSCHLAG
Gerade bei flachen Aufschlägen sollten
Sie mal ein paar Topspins spielen – das
hilft, ein besseres Gefühl für das Schlagen
zu entwickeln. Auch kann man dadurch
die Sicherheit verbessern und Netzfehler
vermeiden. Ein Service mit Drall erweitert
ebenso die verschiedenen Aufprall-
möglichkeiten im gegnerischen Feld.

• **BEINE**
Strecken Sie die
Beine beim
Schlagen; lösen
Sie den hinteren
Fuß langsam aus
dem festen Halt,
um ihn auf das
Ausschwingen
vorzubereiten.

AUFGABE

5

• SCHLÄGERSCHWUNG

Lassen Sie Ihr Racket zur linken Seite hin ausschwingen, während Ihre linke Hand nach hinten geht, um das Gleichgewicht zu sichern.

ORIENTIERUNG

Die Knie sind gebeugt beim Heruntergehen des Körpers, damit Sie sich bei **schnellen Ball-wechseln** wieder gut hinter die **Grundlinie** orientieren können; ebenso hilft es, wenn man in den **Volley** geht.

• AUGEN

Die Augen bleiben beim Ausschwingen auf den Ball gerichtet.

—— 7. Schritt ——

DURCHSCHWINGEN

Nach dem Aufprall des Balles sollte der Schläger über dem linken Bein ausschwingen, während der rechte Fuß auf die **Grundlinie** tritt, um das Gleichgewicht wiederzuerlangen.

• GEWICHT

Beenden Sie den Aufschlag, indem Sie den rechten Fuß fest aufsetzen.

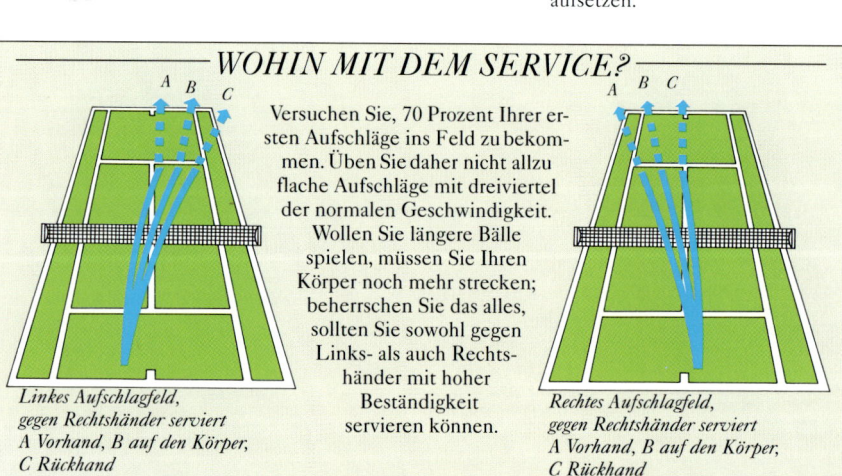

WOHIN MIT DEM SERVICE?

Versuchen Sie, 70 Prozent Ihrer ersten Aufschläge ins Feld zu bekommen. Üben Sie daher nicht allzu flache Aufschläge mit dreiviertel der normalen Geschwindigkeit. Wollen Sie längere Bälle spielen, müssen Sie Ihren Körper noch mehr strecken; beherrschen Sie das alles, sollten Sie sowohl gegen Links- als auch Rechtshänder mit hoher Beständigkeit servieren können.

Linkes Aufschlagfeld, gegen Rechtshänder serviert A Vorhand, B auf den Körper, C Rückhand

Rechtes Aufschlagfeld, gegen Rechtshänder serviert A Vorhand, B auf den Körper, C Rückhand

SLICE-AUFSCHLAG

• SCHLÄGER-KOPF
Die Tennissaiten sollten den Ball an dessen rechter Seite treffen.

• GRIFF
Benutzen Sie den flexiblen, Handgelenk-sichernden **Continental**-Griff.

• AUGEN
Halten Sie den Kopf ruhig, und schauen Sie auf den Ball.

SCHLÄGER-ARM •
Er sollte beim Schlag gestreckt sein.

ZWEITER AUFSCHLAG
Der Slice-Service ist das Gegenstück des ersten, wuchtigen Aufschlags. Der Slice-Ball fliegt vor und nach dem Aufkommen immer in einem leichten Bogen, so daß es dem Gegner schwerfällt, ihn richtig anzunehmen. Außerdem macht der **Sidespin** den Slice sehr sicher – ideal also als zweiter Aufschlag.

Flacher Aufschlag

Slice-Aufschlag

SCHLÄGERARM-WINKEL
Drehen Sie beim Slice-Aufschlag die Schulter ein wenig mehr als beim flachen Service. Durch das Drehen der Schulter läßt sich der Schlägerkopf besser neigen (oben rechts), während der Ball trotzdem in der Mitte getroffen wird (oben links). Üben Sie, den Ball an dessen Außenkante mit den Tennissaiten zu streifen.

VERLA-GERUNG •
Der hintere Fuß wird nach vorn ausgestellt, während der Schläger über dem linken Bein ausschwingt.

• SCHULTERN
Die Schultern sollten sich während des Schlages drehen.

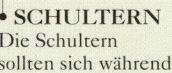
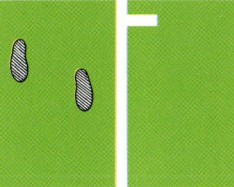

FUSS-STELLUNGEN
Stellen Sie sich beim Slice **seitwärts** hin, indem Sie Ihren hinteren Fuß leicht ausstellen. Werfen Sie dann den Ball vor sich und ein wenig nach rechts hoch.

DER AUFSCHLAG IN AKTION

Obwohl der Aufschlag vom normalen Tennisspiel im Feld abweicht, ist er noch lange kein statischer Schlag. An Ort und Stelle mag es zwar so wirken, aber schaut man mal genauer hin, zeigt sich eine Bewegung mit anspruchsvollen Bewegungsabläufen. Hier auf dem Bild wollen wir einmal zeigen, wie wichtig die fließenden Bewegungen für den Aufschlag sind. Stellen Sie sich vor, Sie seien der Aufschläger – und es wird Ihnen hoffentlich bewußt werden, daß der Service nur in der Folge rhythmischer Sequenzen funktioniert.

STELLUNG
Stehen Sie sicher und fest, mit leicht gebeugten Knien und schulterbreit ausgestellten Füßen.

VORBEREITUNG
Drücken Sie den hinteren Fuß auf den Boden, und kontrollieren Sie das Tempo und die Richtung der folgenden Gewichtsverlagerung.

FLUGKURVE

Der Ball fliegt in einem leichten Bogen von Ihrer **Grundlinie** aus diagonal in das Aufschlagfeld des Gegners. Nach dem Aufprall auf dem Boden kann der Ball während seines **zweiten Fluges** noch die andere Grundlinie erreichen.

GEZIELTE AUFSCHLÄGE

ÜBUNGEN

Servieren Sie gezielt in beide Aufschlagfelder. Machen Sie jeweils zwei Versuche der drei gezeigten Beispiele.

• KRAFT

Sorgen Sie für Kraft aus Ihren Beinen heraus und versuchen Sie, Ihre Muskeln so anzuspannen, daß sie für Ihre Vorwärtsbewegung beim Aufschlag gut wirksam werden.

RHYTHMUS •

Der fließende Rhythmus in der Bewegung wirkt für große Schlagkraft und ist besonders beim Serve- und **Volley**-Spiel wichtig.

6 AUFSCHLAG-RETURN

Die beste Möglichkeit, einen guten Service abzuwehren

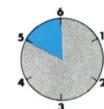

Der Return ist die sicherste Antwort auf einen harten Aufschlag und einer der Schläge, mit denen man die meisten Punkte erzielt. Es ist taktisch sehr wichtig, jeden Aufschlag möglichst wirkungsvoll zurückzuspielen, doch bestimmt die Härte des gegnerischen Services die Qualität und Wirkungsweise eines Returns. Daher sollten Sie lernen, Ihre **Grundschläge** dazu zu nutzen, der Höhe, der Geschwindigkeit, dem Drall und der Genauigkeit eines Aufschlages entgegenzuwirken. Spielen Sie den Ball am Anfang mit dem erlernten **Vorhand-** oder **Rückhand-**Drive zurück, ehe Sie sich später dem Üben des **Returns** widmen sollten.

Ziel: Den Ball im Spiel zu halten und die Initiative gegen den Aufschläger zu unternehmen. *Griffe:* Eastern-Vorhand und Eastern-Rückhand. *Schwierigkeitsstufe:* ••• bis ••••

GEBLOCKTER RETURN

Geblockte Returns werden wie der Volley mit einer nur kurzen Ausholbewegung gespielt. Blocken Sie an der Rückseite des Balles, und zielen Sie tief auf die gegnerische Grundlinie, um den Vorteil des Aufschlägers wieder wettzumachen.

SCHLÄGERKONTROLLE •
Spielen Sie mit festem Handgelenk, und spreizen Sie den ersten Finger zur zusätzlichen Sicherheit.

• KONTAKT
Treffen Sie den Ball früh und vor dem Körper.

STELLUNG •
Machen Sie einen Schritt, und stoppen Sie auf dem Weg nach vorn.

BEOB-ACHTEN •
Die Augen sind während des Aufpralls auf den Ball gerichtet.

• SCHLÄGER-WINKEL
Neigen Sie den Schlägerkopf ein wenig, um den Ball besser an-zuschneiden.

ANGESCHNITTENER RETURN

Der **angeschnittene** Return wird bei hoch aufspringenden Aufschlägen benutzt. Stellen Sie sich an der **Grundlinie** auf, machen Sie eine kurze, hohe **Ausholbewegung,** und schneiden Sie den Ball von unten an, wenn er sich zwischen Hüfte und Schulterhöhe befindet.

FUSSARBEIT •
Die Füße können entweder parallel oder quer zur Flugbahn des Balles ausgestellt werden.

AUS ANDERER SICHT
Dieses Bild zeigt, wie wichtig es ist, den Ball mit gestrecktem Arm vor dem Körper zu treffen. Achten Sie auf festen Stand des Spielers beim Schlag und wie sich der Schläger nach dem Ballkontakt verhält.

TIPS FÜR DIE PRAXIS

ANGRIFFS-VOLLEY

1

Der Aufschlag wird aus dem rechten Feld heraus **die Linie entlang** gespielt (1). Beim Annehmen eines Aufschlages sollten Sie in der Nähe Ihrer **Grundlinie** stehen und den Ball **entweder seitlich** direkt vor die Füße des Gegners spielen (2); schlagen Sie ihn immer weit genug, um sich die Chance eines Passier-schlages zu bewahren.

2

TAKTISCHER LOB

ÜBERRASCHUNGS-RETURN

1 Der Ball wird aus dem linken Feld heraus serviert (1), der Aufschläger rückt zum Volley nach vorn auf; er erwartet den Rückball und spielt ihn geblockt oder angeschnitten zurück – auch ein überraschender Topspin-Lob (2) könnte Ihren Gegner kalt erwischen. Returnieren Sie **diagonal** oder **die Linie entlang.** **2**

RETURN-LOB

Stehen Sie vor Ihrer **Grundlinie** und machen Sie eine kurze Ausholbewegung, bevor Sie den Ball von unten schlagen und den Schlägerkopf dabei nach oben nehmen.

• WINKEL
Halten Sie den Schlägerkopf beim Schlagen vertikal und beim Ausschwingen **geöffnet.**

AUFPRALL •
Schlagen Sie den Ball beim Hochkommen; auf diesem Bild springt er bis über Schulterhöhe.

• GRIFF
Benutzen Sie den **Eastern-Rückhandgriff** beim Schlagen, und spielen Sie den Ball mit festem Handgelenk. Auf dem Bild wird der Ball stark angeschnitten.

STELLUNG •
Spielen Sie den Topspin-Lob aus der **Seitwärts**stellung heraus.

• POSITION
Machen Sie einen Schritt in Ihren Schlag hinein, so daß Sie den Ball länger kontrollieren können.

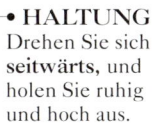

• KONTAKT
Treffen Sie den Ball mit
einer flachen Ausholbe-
wegung in Schulterhöhe.

GLEICHGEWICHT •
Nutzen Sie die nicht-
spielende Hand, um für
Balance zu sorgen.

RETURN-DRIVE

Sie werden kaum Probleme haben, den
Ball im Drive zu returnieren, wenn Sie
den Ball hoch genug und ruhig annehmen, wie hier gezeigt. Versuchen Sie es
auch mal außerhalb des Platzes, konzentrieren Sie sich dabei, und werden Sie
sich der Bewegungsabfolgen bewußt.

• HALTUNG
Drehen Sie sich
seitwärts, und
holen Sie ruhig
und hoch aus.

**HOHER
RETURN-
DRIVE**
Hierbei sollten
Sie sich weiter
aufrichten als
beim tiefen
Return.

TIEFER RETURN-DRIVE
Um einen tief abspringenden Aufschlag mit der
Rückhand zu spielen, sollten Sie sich bis auf Ball-
niveau bücken und einen Schritt nach vorn machen.
Treffen Sie den Ball mit angewinkeltem Schlägerkopf.

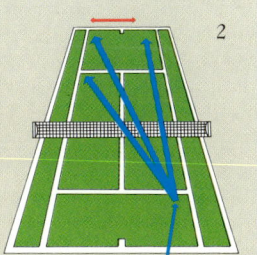

ANGRIFFS-RETURN

TAKTIK

Spielen Sie den Ball nach einem kurzen
Aufschlag (1) sehr früh und schlagen Sie
ihn **seitlich** oder **cross** zurück (2). Der
Aufschläger rückt nicht ans Netz vor,
wenn sein Service schlecht plaziert
war. Wenn er ganz kurz serviert,
schneiden Sie Ihren Return am
besten an.

1

2

AUFGABE
7

VORHAND-VOLLEY

Den Ball im ersten Flug – bevor er aufspringt – spielen

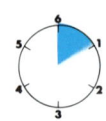

Der Volley ähnelt ein wenig dem Faustschlag beim Boxen. Rücken Sie ans Netz vor, und bringen Sie den Schlägerkopf hoch, um den Ball zu treffen, ehe er aufspringt. Beide **Volleys, Vor-** wie **Rückhand,** werden mit kurzer Ausholbewegung gespielt – auf einer Linie von unten nach oben; ähnlich der Bewegung, die Sie von Ihren **Grundschlägen** kennen.

ZIEL: Den Gegner unter Druck zu setzen und den Ball wenn möglich so zu plazieren, daß er unerreichbar im Spielfeld landet.
Schwierigkeitsstufe ••

AUGEN •
Konzentrieren Sie sich darauf, auf den Ball zu achten, während Sie ihn auffangen.

GEGENGEWICHT •
Benutzen Sie die andere Hand dazu, Balance zu halten.

• **HAND**
Ergreifen Sie den Ball seitlich Ihres Körpers; er sollte vorher nicht aufspringen.

DEN BALL GREIFEN

Der Vorhand-Volley wird so gespielt, als würden Sie den Ball mit Ihrer Spielhand fangen. Stehen Sie Ihrem Gegner, jeweils drei Meter vom Netz entfernt, gegenüber, und werfen Sie sich den Ball abwechselnd in Arm- und Schulterhöhe zu. Beugen Sie sich vor, und greifen Sie nach dem Ball, wie hier gezeigt.

• **FÜSSE**
Machen Sie einen Schritt nach vorn, um nach dem Ball zu fassen; der hintere Fuß gibt Ihnen dabei Halt.

SCHLÄGERHALTUNG

Holen Sie kurz aus, bringen Sie Ihren Schlägerkopf hinter den Ball, und spielen Sie ihn in der
beabsichtigten Schlaghöhe. Benutzen Sie den
Vorhandgriff, das Handgelenk ist dabei fest.

• **ZIELEN**
Die linke Hand
zeigt auf den
Ball.

― 1. Schritt ―

AUSHOLEN

Drehen Sie sich nach rechts, bis der Schlä-
ger sich in Schulterhöhe befindet.
Nehmen Sie dann die linke Hand vom
Rackethals, und verlagern Sie das
Gewicht auf den hinteren Fuß.

• **HILFE**
Der linke Fuß
unterstützt Sie
bei der Schritt-
bewegung.

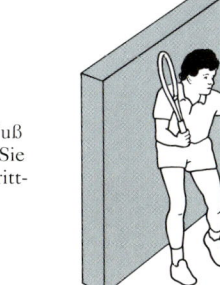

RÜCKEN ZUR WAND

Stellen Sie Ihren Part-
ner mit dem Rücken zur
Wand, und spielen Sie
ihm Bälle auf die Vor-
handseite zu. Bei der Drehung wird sein
Ausholen von der Wand eingeschränkt,
d.h. diese Übung wird Ihnen zu starkes
Schwingen sicherlich abgewöhnen.

FUSSARBEIT

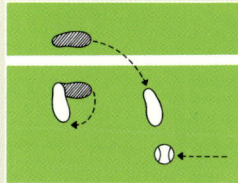

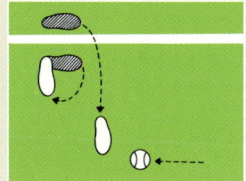

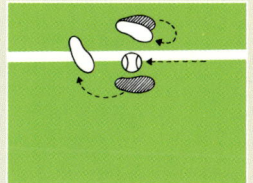

LEICHTER BALL
Drehen Sie sich um Ihren
rechten Fuß und machen Sie
mit dem linken einen Schritt
nach vorn, um den Ball zu
returnieren; bewegen Sie
sich parallel zum Ball.

WEITER BALL
Wenn Sie ahnen, wie weit
der Ball geht, drehen Sie
sich um den rechten Fuß,
und gehen Sie mit dem
linken vor. Drehen Sie auch
den Oberkörper.

BALL AUF KÖRPER
Drehen Sie auf dem linken
Fuß, und gehen Sie mit
dem rechten Fuß einen
Schritt zurück; stehen Sie
dann **seitlich,** bevor Sie
sich wieder vorbewegen.

AUFGABE

7

2. Schritt
DER SCHLAG

Bringen Sie Ihren Schlägerkopf vor, um den Ball vor
dem Körper zwischen
Hüft- und Schulter-
höhe zu treffen.

**KONTAKT-
PUNKT •**
Treffen Sie
den Ball in
der Mitte des
Schlägerkopfes.

• SCHLÄGERARM
Strecken Sie Ihren Arm
beim Schlag, und drücken
Sie den Ball herunter.

**SCHLAG-
POSITION**
Spielen Sie den
Ball höher und
dichter, als Sie es
von den **Grund-
schlägen** her
kennen. Versuchen Sie den
Ball in Augenhöhe zu
schlagen.

• GLEICHGEWICHT
Verlagern Sie Ihr Gewicht
über das vordere,
gebeugte Knie.

AN DER WAND

KONTROLLIERTES ÜBEN
Wenn Sie regelmäßig an der Wand üben, werden Sie auf dem
Platz einen guten und sicheren Vorhand-Volley spielen. Stehen
Sie etwa zwei Meter von der Wand entfernt, und trainieren
Sie die Bewegungen des Volleys. Stellen Sie sich dichter an
die Wand, um das Ausholen einzuschränken und den
Schlägerkopf zu kontrollieren.

AUF EIN ZIEL SPIELEN
Bereitet es Ihnen keine Mühe mehr, den Ball bis zu 20mal
gegen die Wand zu schlagen, sollten Sie einmal auf ein
markiertes Ziel spielen: das schult die Genauigkeit. Denken
Sie beim Schlagen immer an das feste Handgelenk.

TAKTISCHE TIPS

A Spitzwinkliger
Crossball
B Tiefer Crossball
C Hinter die Linie

NETZVARIATIONEN

Sichern Sie sich eine günstige Netzposition, und spielen Sie den tiefen Volley seitlich oder cross, um den Gegner in seinem Hinterfeld zu halten.

SCHLAGFORM

Beim Volley fliegt der Ball nur einmal; er sollte daher über Netzhöhe gespielt und geradewegs ins gegnerische Feld geschlagen werden.

---

3. Schritt

AUSSCHWINGEN

Die leichte Abwärtsbewegung des Schlägers sorgt für den Drall des Volleys, das Ausschwingen sollte nur kurz sein.

SCHULTER •
Die Schulter dreht beim Schlagen mit.

• AUGEN
Stehen Sie fest, und schauen Sie auf den Ball.

• SPIELARM
Halten Sie Ihren Spielarm gestreckt und den Schlägerkopf über Handgelenkhöhe.

UNTERARM •
Benutzen Sie den Vorhand („Shake hands"-) Griff, mit gespreiztem ersten Finger und ausgedrehten Ellenbogen vom Körper weg. Wechseln Sie später auf den **Continental**-Griff.

• UNTERKÖRPER
Beugen Sie die Knie, um gut zu stehen und den Körperschwerpunkt abzusenken.

• HINTERER FUSS
Der hintere Fuß kommt nach vorn, wenn der Schlag durchgeführt wurde.

• VORDERER FUSS
Sorgen Sie beim Ausschwingen für einen sicheren Stand.

VORHAND-VOLLEY IN AKTION

Neben dem Schmetterschlag ist der Volley der
wahrscheinlich wichtigste Feldschlag im Tennis und sollte
daher zu Ihrem Repertoire gehören. Sobald Sie den Volley
von der Netzposition aus beherrschen, sollten Sie
versuchen, ihn auch aus dem Feld und der
Bewegung heraus zu spielen.

ANTIZIPIEREN
Halten Sie Ihren
Schläger wie ein
Schwert vor dem
Körper, stets bereit
zum Schlagen.

STELLUNG
Der Spieler auf dem Bild
steht im Grätschschritt, um
die Höhe des Balles
abzuschätzen und die
Laufrichtung zu bestimmen.

SELBSTKONTROLLE
Widerstehen Sie der
Versuchung, den
Schläger zum Ball zu
schwingen, wenn Sie den
Volley spielen.

ANDERE VOLLEYS

TIEFER VORHAND-VOLLEY

Um einen tiefen Volley einigermaßen sicher zu spielen, müssen Sie sich bücken, indem Sie die Knie beugen; halten Sie das Handgelenk fest und Ihren Schläger auf Ballhöhe. Machen Sie einen Schritt vor, wenn Sie in den Volley gehen, der Schlägerkopf ist dabei quer zum vorderen Fuß und sollte ein wenig geneigt werden, um den Ball mit Spin zu spielen.

HOHER RÜCKHAND-VOLLEY

Stehen Sie beim hohen Rückhand-Volley immer seitlich, ansonsten könnten Sie den Ball ins Netz oder ins Seitenaus spielen. Hohe Volleys benötigen starke Arme, um den Ball in Schulterhöhe zu schlagen. Denken Sie daher ans Fitneß-Training (Seite 16-19).

SCHRITT •
Sie kontrollieren den Ball beim Schlag nicht durch die Dauer des Schwunges, sondern durch den Schritt nach vorn.

AUFGABE

8

RÜCKHAND-VOLLEY

Ein – wie der Vorhand-Volley – mit kurzem Ausholen gespielter Schlag, meist aus dem vorderen Feld heraus geschlagen

SIE WERDEN VIELLEICHT GLAUBEN, daß der Rückhand-Volley einfacher zu lernen ist als der Volley auf der Vorhandseite, weil Ihnen der Spielarm beim Schlagen in der seitlichen Stellung den Weg bestimmt und für günstige Voraussetzungen sorgt. Wie bei allen Volleys aber ist das größte Problem die kurze Kontaktzeit des Schlägers mit dem Ball – kaum mehr als eine halbe Sekunde. Dieser kurze, scharfe Schlag macht den Rückhand-Volley vor allen Dingen bei schnellen Ballwechseln unersetzlich.

ZIEL: Dem Gegner wenig Zeit für den nächsten Schlag geben, den Punkt gewinnen, oder einen defensiven Return spielen. *Schwierigkeitsstufe* ••

AN DER WAND

Üben Sie den Volley an der Wand; stehen Sie zwei Meter entfernt, das verkürzt Ihren Schlag und hilft Ihnen, den Volley besser zu kontrollieren. Spielen Sie auf ein bestimmtes Ziel an der Wand, wenn Sie bereits 10 bis 20 schnelle Ballwechsel hintereinander beherrschen. Fangen Sie in der seitlichen Stellung mit dem Schlagen an, und gehen Sie dann, zwischen jedem Volley, in die Ausgangsposition zurück.

GRIFF •
Beginnen Sie mit dem **Eastern**-Rückhandgriff, und wechseln Sie dann, wenn Sie besser werden, zum **Continental**-Griff hinüber.

SCHATTEN UND SCHULTERN

AUGEN AUF

Schauen Sie beim Ausholen immer auf den herankommenden Ball. Versuchen Sie einmal, Ihren Schlag im Schatten zu spielen: Stoppen Sie, wenn Sie das Ausholen beendet haben, und schauen Sie nach dem Schlägerkopf, wenn Sie weiter vorgehen.

SCHULTER DREHEN

Vermeiden Sie rechtwinklig zum Netz zu stehen, und drücken Sie den Ball herunter, indem Sie sich mit der Schulter dem ankommenden Ball seitlich entgegendrehen. Halten Sie dabei Ihren Schläger dicht am Körper und die Ellenbogen gebeugt, so daß Sie in einer Ein-Aus-Bewegung spielen können.

1. Schritt

AUSHOLEN

Drehen Sie sich aus der **Ausgangsstellung** heraus seitlich zum Ball, und holen Sie mit dem Schläger bis über die linke Schulter aus; die nicht-spielende Hand bleibt dabei am Schlägerhals.

• AUGEN
Schauen Sie nach vorn auf den Ball.

HANDGELENK •
Halten Sie den Schläger mit festem Handgelenk im Rückhandgriff.

• SCHLÄGER
Unterstützen Sie den Schläger mit der nicht-spielenden Hand.

KNIE •
Gehen Sie leicht in die Knie, und suchen Sie sich mit dem hinteren Fuß Halt für den Schlag. Beim tiefen Volley müssen Sie die Knie noch mehr beugen.

• GLEICHGEWICHT
Halten Sie Ihr Gewicht auf dem hinteren Fuß, bis Sie es nach vorn verlagern.

FUSS •
Bereiten Sie Ihren vorderen Fuß auf die Gewichtsverlagerung vor.

AUFGABE

8

2. Schritt
DER SCHLAG

Lösen Sie Ihre linke Hand vom
Schläger, und machen Sie mit
dem rechten Fuß einen
Schritt vor, während Sie
den Schlägerkopf nach
vorne bringen, um
den Ball unter
vollem Einsatz
der Tennissaiten
zu treffen.

SCHLÄGERARM•
Strecken Sie Ihren
Spielarm, und halten
Sie den Schläger mit
festem Handgelenk
sicher im Griff.

• HILFE
Nutzen Sie die linke Hand
zur Unterstützung des
Gleichgewichtes.

**• SCHLAG-
AKTION**
Bereiten Sie den
Schlägerkopf vor,
indem Sie mit
ihm etwas
über den Ball
gehen.
Drücken Sie
dann das
Racket vor
und von
hinten gegen
den Ball;
vergessen Sie
dabei nicht, das
Handgelenk und
den Griff
festzuhalten.

KONTAKT
Treffen Sie den
Ball zwischen
Schulter- und
Hüfthöhe.

**• VER-
LAGERUNG**
Verlagern Sie Ihr
Gewicht beim Schla-
gen auf das vordere,
gebeugte Knie.

• FUSSARBEIT
Sie sollten ein
wenig quer oder
parallel zur Flug-
linie des Balles
stehen.

AUGEN •
Augen auf
den Ball.

NICHT-SPIELENDER ARM •
Lösen Sie die Hand vom Schläger,
um für das Gleichgewicht zu sorgen.

— 3. Schritt —

AUSSCHWINGEN

Lassen Sie den Schläger dem
Ball nach dem Volley nur
kurz nachfolgen;
strecken Sie Ihren
Arm, falls Sie
richtig hinter dem
Ball standen,
und bringen
Sie den
Schläger noch ein wenig
höher, wenn Sie mit Drall
spielen wollen.

HALTUNG •
Legen Sie Ihr gesamtes
Gewicht vor, wenn Sie den
Ball spielen.

SCHRITT •
Ein kontrollierter
Schritt nach vorn
hilft beim
Ausschwingen.

STABILITÄT •
Die Füße sind weit
auseinander, um den
Körperschwerpunkt besser
abzusenken.

— TAKTISCHE VOLLEYS —

ANGESCHNITTEN
Vollieren Sie den Ball tief in die Ecke Ihres Gegners,
wenn Sie im Mittelfeld stehen. Wenn Sie näher ans
Netz rücken, haben Sie die Möglichkeit, Ihren Volley
anzuschneiden. Versuchen Sie stets, gerade Schläge
zu spielen, und denken Sie daran, daß Sie, wenn Sie
einen **Crossball** schlagen, immer mit einem Passier-
schlag Ihres Gegners **die Linie entlang** rechnen
müssen. Dies gilt auch für schlecht plazierte Bälle.

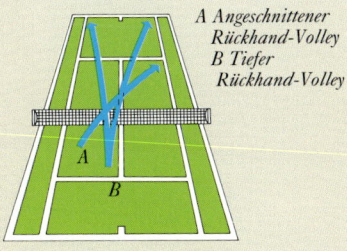

A Angeschnittener
Rückhand-Volley
B Tiefer
Rückhand-Volley

RÜCKHAND-VOLLEY IN AKTION

Zwar wird die Rückhand in der Regel zur Verteidigung genutzt, doch ist dies nicht der einzige Grund, sie im Spiel einzusetzen. Entwickeln Sie eine ähnliche Bewegungsabfolge, wie Sie es schon vom **Vorhand-Volley** her kennen, und starten Sie von hinten, um vorn ganz schnell den Volley zu spielen. Achten Sie auf den Spieler, wie er unter den Ball geht und sein ganzes Gewicht in den Schlag legt. Der leicht geneigte Schlägerkopf ermöglicht ihm einen Ball im eigenen Aufschlagfeld, d.h. er kann zum Netz aufrücken, um spätestens mit dem zweiten Volley den Ball „zu töten".

SCHRITT •
Die **nicht-spielende** Hand löst sich vom Schläger, das Racket wird unter den Ball gebracht.

KONZENTRATION •
Achten Sie immer auf den Ball – das ist unabänderlich für das Spiel und für das Gelingen Ihres Volleys während der Schlagbewegung.

VORBEREITUNG •
Halten Sie den Schläger so,
daß Sie ihn stets beim
Vorwärtskommen ein-
setzen können. Holen Sie
beim hohen Volley mit ihm
weiter aus als beim
normalen Volley.

TIEFER RÜCKHAND-VOLLEY

DER SCHLAG
Es ist viel schwieriger, einen tiefen Ball
am Netz zu attackieren als ihn lediglich zu
verteidigen. Beugen Sie deshalb die Knie,
richten Sie die Augen auf Ballhöhe und
versuchen Sie, mit dem Schläger unter den
Ball zu kommen. Ein festes Handgelenk
und ein kontrollierter Schlägerkopf – das
wird Ihnen einen guten Schlag garantieren
und Ihr Netz sauberhalten.

STELLUNG •
Sicherer Halt ist notwendig – also
spielen Sie den Rückhand-Volley
mit gespreizten Beinen, um das
Gleichgewicht zu sichern.

AUFGABE

9 LOB-ABWEHR

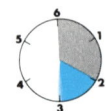

Ein hoch durch die Luft gespielter Grundschlag – meist als Abwehr gedacht

Der Lob ist nicht als letzte Lösung zu verstehen, so nach dem Motto: Hoch durch die Luft und an ein Wunder glauben. Nutzen Sie den Lob eher als Ballonabwehr, spielen Sie ihn hoch über den Gegner hinweg, und rücken Sie ans Netz vor, wenn Ihr Gegenüber zurückhetzt, um den Ball anzunehmen. Warten Sie allerdings nicht so lange, daß er sich den Ball doch noch erlaufen kann – ein früher Lob könnte ihm schon vorher seinen Willen rauben. Der Lob ist ein vollständigerer Schlag als der Drive, mit einer tiefen Ausholbewegung und einem höheren Schlagende.

ZIEL: Schlecht erreichbare Abwehr, um den Gegner zu überraschen.
Schwierigkeitsstufe ●●●

––––––– 2. Schritt –––––––

AUSHOLEN

Beginnen Sie den Schlag wie bei einem Drive, indem Sie sich beim Ausholen **seitlich** drehen. Entspannen Sie Ihre Ellenbogen gegen Ende der **Ausholbewegung,** und beschreiben Sie mit Ihrem Schläger eine **Schleife.** Machen Sie einen Schritt nach vorn, und schwingen Sie das Racket in steiler Aufwärtsrichtung vor.

GRIFF •
Benutzen Sie den **Eastern**-Griff und öffnen Sie den Schlägerkopf.

TIEF GEHEN •
Beugen Sie die Knie, und machen Sie eine tiefe **Schleife.**

STELLUNG •
Verlagern Sie Ihr Gewicht auf das vordere, gebeugte Knie, und beginnen Sie mit dem Ausholen.

OBERKÖRPER •
Halten Sie Ihren Kopf gerade und die Augen auf den Ball gerichtet. Die linke Hand verläßt den Schläger, um beim Schlagen das Gleichgewicht zu sichern.

---
3. Schritt
DER SCHLAG

Nehmen Sie den Schläger mit der Außenkante vor, und schwingen Sie ihn in einer steilen Aufwärtsbewegung hoch, um den Ball vor der Hüfte zu treffen. Spielen Sie mit festem Griff und Handgelenk, und spielen Sie den Ball, bevor er herunterfällt, zwischen Knie- und Hüfthöhe.

• PLATTFORM
Ihr linker Fuß sollte für eine sichere Schlagplattform sorgen – die Schrittlänge bestimmt Höhe und Weite des Lobs.

• SCHLÄGER-WINKEL
Neigen Sie den Schlägerkopf ein wenig vor – aber nicht zu viel, sonst gerät der Lob zu kurz.

• HALTUNG
Gehen Sie mit dem Körper hinunter.

• HANDBALANCE
Die linke Hand zeigt auf den Ball, um sich besser auszubalancieren.

FLUGWEG
---

7 m

Der normale Lob wird infolge seines Tief-Hoch-Schwunges und des geneigten Schlägerkopfes oft als Topspin gespielt. Meist macht er dabei einen weiten Bogen über das Netz, bis zu 7 Meter hoch und landet an der gegnerischen **Grundlinie.** Nach dem Aufprall auf den Boden springt er bei seinem **zweiten Flug** sehr weit hoch.

HOHER AUSSCHWUNG
Der drive-ähnelnde Beginn des Lobs mag Ihren Gegner täuschen, das Ausschwingen jedoch gibt ihm die Sicherheit, welchen Schlag Sie spielen. Lassen Sie Ihren Schläger nach dem Aufprall durch die **Schlagzone** schwingen, während Sie die Beine strecken und den Ball in die Luft schicken. Beenden Sie den Lob mit einem Ausschwung über Kopfhöhe.

9

RÜCKHAND-LOB IN AKTION

Spielen Sie den Rückhand-Lob so ähnlich wie den auf der Vorhand. Wechseln Sie dabei auf den Rückhandgriff, und nutzen Sie die nicht-spielende Hand während der Ausholbewegung. Der Spieler hier auf dem Bild holt zu einem unterschnittenen Abwehr-Lob aus, um der Netzattacke des Gegners entgegen-zuhalten. Die Geschwindigkeit des Spielers und die Kontrolle seines Rackets während des Schlages sichert ihm die Ausführung eines perfekten Lobs – sowohl als Angriff als auch als Abwehr zu nutzen.

TAKTIK BEIM LOBBEN

ZWEI STILE

Spielen Sie den Lob immer tief ins Feld. Lobben Sie dem Gegner über seine nicht-spielende Schulter in die Rückhandecke, weil der Schmetterschlag schwieriger zu spielen ist, je mehr man sich rückwärts diagonal bewegt, um den Ball zu erreichen. Das Bild zeigt einen diagonal geschlagenen Rückhand-Lob (A) und einen tief gespielten Vorhand-Lob die Linie entlang (B).

KONZENTRATION •

Die Augen sind während der Schlagphase auf den Ball gerichtet; beobachten Sie, ob der Lob erfolgreich war.

AUSSCHWINGEN •

Der Spieler auf dem Bild hält beim Ausschwingen sein Gleichgewicht hervorragend: Er kontrolliert jede seiner Bewegungen, genauso Ball und Schläger. Bei solch fortgeschrittenen Schlägen sollte man den Rückhandgriff benutzen.

AUFPASSEN •
Wenn Sie wissen, wie der Ball fliegen
wird und die Laufrichtung des Gegners
ahnen, gehen Sie schnell diagonal vor,
um den Ball schon kurz nach dem
Aufspringen abzufangen.

• SCHLÄGERWINKEL
Wenn Sie sich zum Topspin
entschieden haben sollten,
bereiten Sie schon beim
Ausholen in der Schlagphase
den Schläger darauf vor.

SCHLAGPLATTFORM •
Gehen Sie herunter, um den Ball
zu schlagen, mit weit
ausgestellten Beinen und tiefem
Körperschwerpunkt. Neigen Sie
den Schlägerkopf, um den Ball
anzuschneiden.

AUFGABE

10 SCHMETTERSCHLAG

Die aggressive Alternative zum Lob

Der Überkopf-Schmetterschlag ist wie ein Raubtier, das auf das Opfer wartet: Jeder Lobversuch, den der Gegner wegen der Belagerung Ihrer Netzattacken zu schwach spielt, kann mit dem Schmetterschlag beendet werden. Vor allen Dingen die Lobs, die der Gegner – defensiv wie offensiv – aus der Bedrängnis heraus spielt, können oft mit einem Überkopfball wie beim Aufschlag abgefangen werden.

ZIEL: Eine offensive Initiative ergreifen und den Punkt machen.
Schwierigkeitsstufe ●●●●

--- 2. Schritt ---

AUSHOLEN

Drehen Sie sich **seitwärts**, und halten Sie den Schlägerkopf hoch. Schlagen Sie wie beim Service.

• ZIELEN
Strecken Sie Ihren linken Arm, die Hand zeigt auf den fallenden Ball.

• RICHTUNG
Schauen Sie an Ihrem Arm entlang auf den Ball.

• ELLEN-BOGEN
Halten Sie Ihre Ellenbogen hoch, das Racket wird dem Ball entgegengestreckt.

• FESTER HALT
Stellen Sie Ihre Füße schulterbreit auseinander, um für Stabilität zu sorgen.

VON OBEN
Zeigen Sie auf den Ball, während Sie sich seitlich drehen; bringen Sie den Schläger quer zur Schulter hoch, bevor Sie ihn beim Schlagen wieder senken werden.

FUSSARBEIT

SEITSCHRITT
Um Ihren Schmetterschlag rasch zu spielen, müssen Sie unbedingt **seitlich** zum und mit dem Körper hinter dem Ball stehen. Drehen Sie sich und bewegen Sie sich im Seit-Zusammen-Seit-Rhythmus (siehe Bild).

ÜBERSTEIGEN
Die Technik des Übersteigens benötigt viel Praxis. Überkreuzen Sie mit Ihrem linken Bein das Vorderteil des rechten Beins, und machen Sie einen Seitschritt.

4. Schritt

DER SCHLAG

Strecken Sie Ihren **Schlagarm** voll über dem Kopf aus, um den Ball zu treffen. Führen Sie den Schlag vor dem Körper aus, und schwingen Sie das Racket dann wie beim Aufschlag.

SCHLAGFORM

A Netz-Smash B tiefer Smash

B   *A*

Lassen Sie den Schmetterschlag fest aufspringen, wenn Sie vorn am Netz stehen; sollten Sie den Smash von weiter hinten spielen, schmettern Sie tiefer ins Feld.

KONTAKTPUNKT •
Schlagen Sie den Ball in der Reichweite des Rackets.

GRIFF •
Benutzen Sie zuerst den modifizierten **Eastern**-Griff, und wechseln Sie später auf den Griff beim Aufschlag.

• NATÜR-LICHES SENKEN
Strecken und senken Sie Ihren ganzen Körper.

• SCHULTER
Die Spielschulter dreht sich beim Schlagen mit ein.

• GLEICH-GEWICHT
Gewicht nach vorne und Beine gerade.

• STABILISATOR
Der hintere Fuß gibt Ihnen während des Schmetterschlages Halt.

• ZEHENSPITZEN
Gehen Sie beim Schlagen auf die Zehenspitzen.

IM SPRUNG SCHMETTERN

Der Schmetterschlag im Sprung verkürzt die Bewegungen ein wenig, indem der Spieler aus dem Mittelfeld heraus den Ball ruhig in der Luft stehend schlägt. Dieser Schlag wird besonders dann angewandt, wenn Sie noch an einen hohen **Lob** des Gegners herankommen wollen und es abzusehen ist, daß Sie ansonsten schon im **vorderen Feld** ausgespielt werden würden. Um den Smash gut auszuführen, sollten Sie vor allen Dingen viel Geschwindigkeit und Geschicklichkeit mitbringen, um sich rückwärts zu bewegen und dann noch seitlich in der Luft genügend Kraft für einen Schmetterschlag aufbringen zu können. Drehen Sie sich auf dem Platz, sobald der Lob hochsteigt, und machen Sie **kleine Schritte** beim Zurücklaufen.

• AUSSCHWINGEN
Landen Sie nach dem Schlagen zuerst auf dem linken Fuß, und schwingen Sie dann wie beim normalen Schmetterschlag den Schläger aus.

BEINE IN AKTION •
Schwingen Sie mit Ihrem rechten Bein – wie bei einer Schere – hinter das linke, während Sie den Schläger nach vorne bringen, um den Ball vor dem Körper mit voll gestrecktem Arm zu treffen.

TAKTISCHE TIPS

„TÖDLICHE WAFFE"

Der Smash kann nur bei Lobs oder hoch abspringenden Bällen gespielt werden. Setzen Sie daher Ihren Gegner so unter Druck, daß er defensive Lobs setzen muß. Zielen Sie am besten in seine **Rückhandecke** – und erst später, wenn er sich darauf eingestellt hat, drehen Sie das Handgelenk ein wenig mehr und schlagen Ihrem Gegner auf die **Vorhand.** Sehr hohe Lobs sollten nach dem Aufspringen geschmettert werden, spielen Sie sie auf jeden Fall im Sprung, wenn Sie meinen, sonst nicht mehr an den Ball zu kommen.

• SPRUNGHALTUNG

Holen Sie beim Absprung mit dem Schlägerkopf von hinten aus, und strecken Sie den linken Arm, um das Gleichgewicht zu sichern.

TIMING •

Springen Sie vom hinteren Bein ab, wenn der Schläger bereit ist, und schmettern Sie den Ball, bevor er sich zu weit hinter Ihnen befindet.

AUFGABE

11 ANGRIFFSSCHLAG

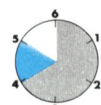

Ein abgewandelter Grundschlag, um ans Netz zu kommen

IM SPIEL WIRD DER ANGRIFFSSCHLAG besonders dann eingesetzt, wenn der Spieler erfolgreich ans Netz vorrücken möchte. Bestimmen Sie die Position und die Höhe, aus der heraus Sie den Ball spielen wollen, doch verkürzen Sie auf jeden Fall das **Ausholen** des Schlägers. Haben Sie dann das **Vorderfeld** erreicht, sollten Sie die **Volleys** spielen, so wie Sie sie gelernt haben.

ZIEL: Die Möglichkeit schaffen, einen Volley einzusetzen
Schwierigkeitsstufe ••••

1.–2. Schritt

ANGRIFFSSCHLAG

Der hier gezeigte Schlag wird als Rückhand-Slice gespielt. Schwingen Sie kurz aus der Schulter heraus, und schlagen Sie von hinten gegen den Ball.

DER SCHLAG •
Treffen Sie den Ball vor dem Körper, mit festem Handgelenk und nach hinten geneigtem Schlägerkopf.

• **FUSSARBEIT**
Leiten Sie den Schwung auf dem hinteren Fuß ein, machen Sie dann einen Schritt vor, und stellen Sie ihn ein wenig quer beim Schlag.

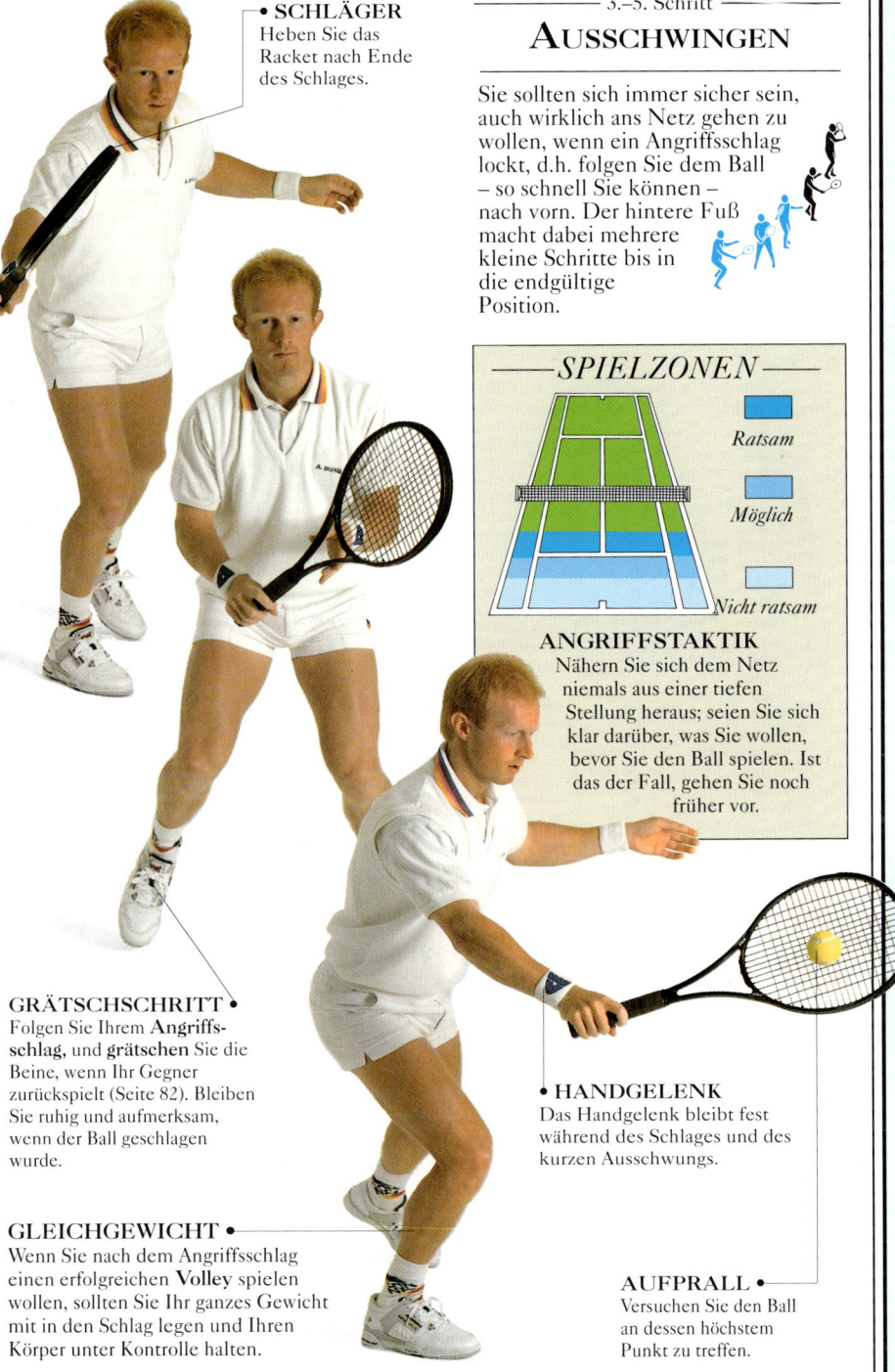

• SCHLÄGER
Heben Sie das Racket nach Ende des Schlages.

3.–5. Schritt

AUSSCHWINGEN

Sie sollten sich immer sicher sein, auch wirklich ans Netz gehen zu wollen, wenn ein Angriffsschlag lockt, d.h. folgen Sie dem Ball – so schnell Sie können – nach vorn. Der hintere Fuß macht dabei mehrere kleine Schritte bis in die endgültige Position.

SPIELZONEN

Ratsam

Möglich

Nicht ratsam

ANGRIFFSTAKTIK
Nähern Sie sich dem Netz niemals aus einer tiefen Stellung heraus; seien Sie sich klar darüber, was Sie wollen, bevor Sie den Ball spielen. Ist das der Fall, gehen Sie noch früher vor.

GRÄTSCHSCHRITT •
Folgen Sie Ihrem **Angriffsschlag,** und **grätschen** Sie die Beine, wenn Ihr Gegner zurückspielt (Seite 82). Bleiben Sie ruhig und aufmerksam, wenn der Ball geschlagen wurde.

• HANDGELENK
Das Handgelenk bleibt fest während des Schlages und des kurzen Ausschwungs.

GLEICHGEWICHT •
Wenn Sie nach dem Angriffsschlag einen erfolgreichen **Volley** spielen wollen, sollten Sie Ihr ganzes Gewicht mit in den Schlag legen und Ihren Körper unter Kontrolle halten.

AUFPRALL •
Versuchen Sie den Ball an dessen höchstem Punkt zu treffen.

AUFGABE
12
SERVE & VOLLEY

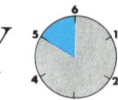

Ein zweigeteilter Angriff, um schnell den Punkt zu machen

DAS SERVE UND VOLLEY ist die entscheidende Taktik, um sein Netzspiel zu kontrollieren. Genau wie beim Angriffsschlag ist hier die Genauigkeit, Geschwindigkeit und Tiefe des Balles entscheidend für den Erfolg des Volleys. Nehmen Sie sich dabei Zeit, eine günstige Netzposition zu suchen; servieren Sie anfangs nur mit Dreiviertel Ihrer Kraft auf den Gegner, und spielen Sie mit Slice.

ZIEL: Den Gegner unter Druck zu setzen.
Schwierigkeitsstufe ● ● ● ● ●

— 1. Schritt —

AUSHOLEN

Nehmen Sie Ihre Aufschlag-
stellung ein, je nach Art und
Richtung des Services.
Bereiten Sie sich auf das
Vorwärtslaufen vor, und
versuchen Sie Ihr Ziel
vor der Aufschlaglinie zu
erreichen, bevor der Ball
wieder zurückkommt.

● BALLWURF
Werfen Sie sich den Ball ein
wenig nach vorn hoch, um beim
Schlagen mehr Wirkung zu
erzielen – aber nicht über
Reichweite.

— 2. Schritt —

DURCHSCHWINGEN

Ihr hinterer Fuß macht den ersten
Schritt nach vorn, indem Sie mit ihm
nach dem Aufschlag über die
Grundlinie treten. Machen Sie etwa
sechs Schritte bis zur
Aufschlaglinie, und bereiten
Sie sich auf den Volley vor.

DIE FREIE WAHL

TECHNIK

Grätschschritte ermöglichen den Abbruch Ihres Vorwärtslaufs, indem Sie in Vorbereitung auf den Schlag mit schulterbreitem Ausstellen der Beine Halt suchen. Machen Sie dies früh genug, um rechtzeitig wieder das Gleichgewicht zu finden. Der Spieler auf dem Bild oben demonstriert die Bewegung nach rechts, um einen **Cross-Return** zu spielen, und das gleiche nach links, um einen Rückhand-Volley **entlang der Linie** zu schlagen.

---

4. Schritt

DER SCHLAG

Spielen Sie aus der tiefen Position heraus den Volley in die Ecke des Gegners, um ihn hinten zu halten, wenn Sie ans Netz kommen. Strafen Sie zu hohe Returns mit einem kurzen, aggressiven Volley.

• STELLUNG
Gehen Sie im Grätschschritt herunter, machen Sie einen Schritt vor, wie hier auf dem Bild.

AUFPRALL •
Das Handgelenk ist fest und Ihr Schlägerkopf wird angehoben, um den Ball vor dem Körper zu treffen.

VOLLEY

Der Erfolg Ihres Serve- und Volley-Spiels hängt in erster Linie von der Technik Ihres Volleys ab; richten Sie daher die Augen auf den Ball, beugen Sie die Knie, und verlagern Sie das Gewicht nach vorn.

TIPS FÜR FORTGESCHRITTENE

Sie haben die Grundlagen guten Tennisspiels kennengelernt; es folgen nun ein paar Regeln und wichtige Verhaltensweisen

WIR SIND AM ENDE DES KURSES ANGELANGT – also versuchen Sie Ihr Glück und sich vielleicht auch mal an Schlägen, wie Sie im folgenden beschrieben werden. Gehen Sie außerdem in einen Tennisclub, wenn Sie sich fit genug fühlen. Das wäre der ideale Weg, Leute zu treffen, die Ihre Interessen teilen.

SPIELREGELN

ZÄHLWEISE

Den ersten Punkt zählt man mit 15, den zweiten mit 30, den dritten mit 40 und beim vierten Punkt hat man ein Spiel gewonnen. Der Spielstand des Aufschlägers wird zuerst genannt, d.h. wenn er den ersten Punkt gewinnt, heißt es 15-„love" (15-0) für ihn. Ausnahme ist der Tie-Break: Dort steht der Führende an erster Stelle. Sollte jeder der beiden Spieler drei Punkte haben (40-40), heißt dies „deuce"; er muß zwei Punkte in Folge machen, um zu gewinnen. Dabei ist der erste Punkt ein Vorteilpunkt. Ein Satz ist dann entschieden, wenn einer der Spieler sechs Spiele gewonnen hat, mit einem Vorsprung von zwei. Heißt es 5-5, wird so lange gespielt, bis einer zwei Spiele vorliegt. Es werden meist zwei, manchmal aber auch drei Gewinnsätze gespielt.

TIE-BREAK

Bei 6-6 geht man in den Tie-Break. Es wird dann nummerisch weitergezählt, und wer zuerst 7 Punkte mit 2 Punkten Vorsprung hat, ist Sieger des Satzes.

Verhalten Sie sich richtig auf dem Platz. Werfen Sie eine Münze oder drehen Sie einen Schläger, um zu entscheiden, wer beginnt. Der Sieger der Wahl darf aufschlagen, annehmen oder bestimmen, daß der Gegner wählen soll. Haben Sie sich zum Service entschlossen, kann der Gegner sich für die Seite des Platzes aussprechen. Schlagen Sie hinter der **Grundlinie** und stellen Sie sich rechts auf, um mit dem ersten Punkt zu beginnen; wechseln Sie dann auf **links** für den zweiten Service und so weiter. Der Aufschlag muß dabei immer ins diagonal gegenüberliegende Feld geschlagen werden. Bei einem Fehler haben Sie noch einen Aufschlag, sollten Sie jedoch einen **Doppelfehler** begehen, geht der Punkt an den Gegner. Der annehmende Spieler kann dabei in seinem Feld stehen wo er will.

Auf ins Spiel

Tennis lebt von der Taktik und der richtigen Stellung;
Sie haben alle Schläge gelernt – machen Sie also Ihr Spiel

Übung ist wichtig, aber Sie lernen das Tennisspielen nur, wenn Sie Ihre Schläge so schnell wie möglich auch im Spiel einsetzen. Sie haben im Kurs einige Grundschläge und Verhaltensweisen kennengelernt, aber Sie können sie erst einschätzen, wenn Sie sich mit Ihren Stärken und Schwächen einem Gegner stellen. Ihre natürlichen Fähigkeiten werden bestimmen, wie Sie sich im Match anstellen, ob Sie eher das **Grundlinien-** oder das **Volley-**Spiel bevorzugen werden. Taktisch gesehen ist Tennis ein kontrolliertes Spiel, in dem derjenige gewinnen wird, der die wenigsten Fehler macht. Wenn allerdings jeder nur Fehler vermeiden will, kann Tennis auch ein ziemlich defensives Spiel werden. Sorgen Sie daher auch für einen richtigen Angriff, das wird den Rhythmus des Gegners unterbrechen, und versuchen Sie immer, Angriff- und Abwehrverhalten in Einklang zu bringen.

Auf dem Platz

Der Platz vor und an der **Grundlinie** umfaßt das **Hinterfeld**, die Zone zwischen Aufschlaglinie und Netz das **Vorderfeld**, den Raum dazwischen nennt man **Niemandsland**.

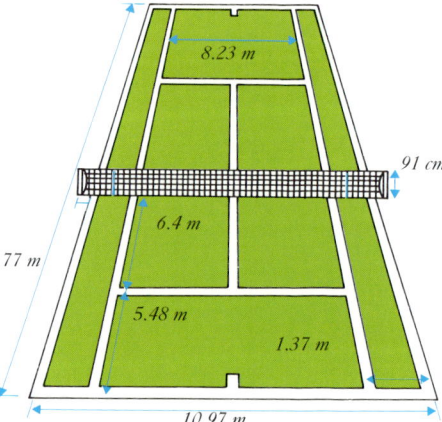

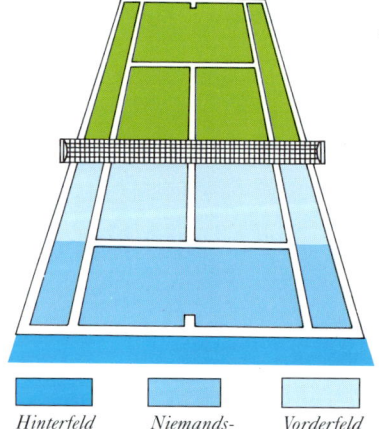

Hinterfeld   *Niemandsland*   *Vorderfeld*

NIEMANDS-LAND
Sollten Sie einen Ball im **Niemandsland** schlagen müssen, spielen Sie ihn, und gehen Sie schnell wieder heraus, bevor Sie den nächsten Ball vor die Füße kriegen.

DOPPELFELD
Das Doppelfeld hat dieselbe Länge wie beim Einzel, es ist jedoch 2,75 m breiter. Die Aufschlagfelder sind ebenfalls gleich groß, doch kann eine sog. seitliche **Allee** genutzt werden.

ZURÜCK ZUR MITTE

Spielen Sie Ihren Schlag und gehen Sie
dann zur **Mitte** zurück – auf halbem Weg
zwischen den zwei extremen Return-
möglichkeiten Ihres Gegners. Schlagen
Sie daher taktisch so, daß
Sie immer gut zurück
zur Mitte kommen.

FALSCHES LAUFEN

TAKTISCHE WAHL

Der annehmende Spieler (unten) hat den
Ball **entlang der Linie** zurückgespielt,
aber zu kurz – so hat der andere Spieler die
Möglichkeit, mit einem langen **Crossball**
zu antworten. Wäre er vorher zurück zur
Mitte gelaufen, hätte der Gegner den Ball
vielleicht nicht bekommen können.

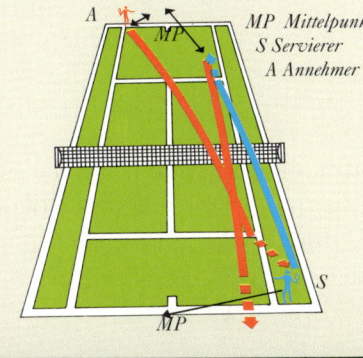

MP *Mittelpunkt*
S *Servierer*
A *Annehmer*

DER HANG ZUR MITTE

NICHT AUSSPIELEN LASSEN!

Die Gefahr beim Spiel über die **Mitte** ist,
daß man während des Zurücklaufens ausgespielt wird. Das braucht nicht zu
geschehen, wenn Sie immer – auch beim
Laufen – darauf achten, was der Gegner mit
dem Ball macht. Auf dem Bild spielt der
Aufschläger dem rechtshändigen Annehmer
einen langen Ball auf die Vorhand, der
seinerseits mit einem tiefen **Cross-Return**
antwortet, so daß nun die ganze Mitte offen
ist. Hätte der Annehmer aber einen Ball
entlang der Linie gespielt, hätte er viel
schneller zur **Mitte** zurückkommen können.

S *Servespieler*
MP *Mittelpunkt*
A *Annehmer*

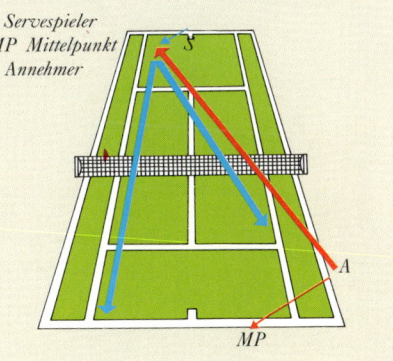

Doppelspiel

*Ein Teamspiel zwischen zwei Paaren, das taktisch und strategisch gesehen
äußerst wichtig für Ihr gesamtes Tennis ist*

Im Gegensatz zum Einzel spielen beim Doppel immer zwei
zusammen – und die sollten sich verstehen. Versuchen Sie sich im Spiel
dem Partner anzugleichen, und wenn Sie ans Netz gehen, sollten Sie so
lange vorne bleiben, bis Sie den Punkt gemacht haben. Sollten Sie
beim Ballwechsel einmal Ihre Zweifel haben mit irgendeinem Ihrer
Schläge, spielen Sie am besten zwischen beide Gegner hindurch – dann
weiß in der Regel keiner von ihnen, wer den Ball annehmen muß. Ein
erfolgreiches Doppelspiel zeichnet sich eher durch gutes Teamwork
und Taktik aus, als durch die Kraftanstrengungen eines Einzels.

Aufschlagpositionen

Ein Partner spielt im rechten, der andere im
linken Feld, und jeder Spieler ist verantwort-
lich für die Bälle in seiner Hälfte.
Sollten Sie das Feld wechseln, muß dies Ihr Partner
ebenfalls tun, um die Seite
abzudecken.

AUFSCHLAGPARTNER
Stellen Sie sich in
Angriffshaltung und
im eigenen Feld auf:
etwa 2,7 m vom Netz
entfernt und auf hal-
bem Weg zwischen
der Mitte und der
Auslinie. So
können Sie Volleys
oder Schmetter-
schläge spielen.

AUFSCHLÄGER
Stehen Sie beim Service
auf halbem Weg zwi-
schen der **Mittelmarke**
und der Ihnen am näch-
sten liegenden **Seitaus-
linie.** Diese Stellung
ermöglicht Ihnen eine
gute Ausgangsposition für
alle Returns.

ANNAHMEPOSITIONEN

Starten Sie beim Annehmen von der **Grundlinie** aus, während Ihr Partner im Mittelfeld stehen sollte. Wenn Sie sich entschieden haben, in welchem Feld Sie spielen, bleiben Sie auch dort bis zum Ende des Spiels.

ANNAHME-PARTNER

Stehen Sie an der Aufschlaglinie, zwischen der Mitte und der Doppel-**Seitenauslinie.** So können Sie einen Volley spielen, wenn der Aufschlagpartner den Return Ihres Partners abfangen sollte.

ANNEHMER

Um den ersten Service zu returnieren, sollten Sie wie beim Einzel stehen, doch beim zweiten Aufschlag ist es besser, ein wenig vorzugehen, um den Ball besser angreifen zu können.

TAKTISCHE STELLUNGEN

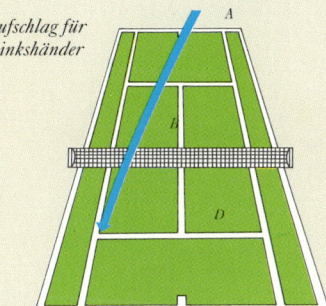

Aufschlag für Linkshänder

TIPS FÜR DAS DOPPEL

Versuchen Sie stets, einen hohen Prozentsatz Ihrer ersten Aufschläge ins Feld zu bekommen. Dabei ist wichtiger, weite und genaue als unbedingt harte und schnelle Bälle zu spielen. Spielen Sie beim Annehmen nur knapp über das Netz, außer beim Lob, und schlagen Sie 80 % Ihrer Bälle **cross** am Service-Partner vorbei.

WO STEHE ICH?

Diese beiden Bilder sollen Ihnen die vier Grundstellungen für das Angriffs- und Annahmespiel demonstrieren.

- A = Aufschläger
- B = Aufschlagpartner
- C = Annehmer
- D = Annahmepartner

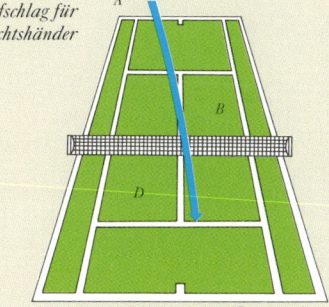

Aufschlag für Rechtshänder

TIPS FÜR KÖNNER

*Lernen Sie technisch schwierige Schläge, die Ihnen auf dem Weg
zum anspruchsvollen Tennis helfen werden*

DA SIE NUN DIE GRUNDTECHNIK aller Schläge beherrschen sollten, können Sie sich einmal daranmachen, die Schläge zu verfeinern, um sie in jeder Spielsituation anbringen zu können. Sie haben bereits ein Fitneß-Programm absolviert, sich dem täglichen Stretching gestellt und sich vielleicht sogar einem Tennisverein angeschlossen – das ist auch gut so, aber lange nicht so schwierig durchzuführen wie die Schläge eines fortgeschrittenen Spielers, die ihm ein hohes Maß an Sicherheit im Match verschaffen. Wie auch immer: Wenn Sie diesen Grundkurs im Tennis ernst genommen haben, wird es Ihnen bestimmt leichter fallen, die drei folgenden, verbesserten **Grundschläge** zu erlernen. Sie sollten allerdings Gefallen an ihnen finden, um sie auch im Spiel anzuwenden, und selbstverständlich gibt es noch eine Reihe anderer Schläge, die sich lohnten vorgestellt zu werden, wie beispielsweise den Topspin-Aufschlag oder den Rückhand-Smash. Sicherlich werden Sie auch diese eines Tages, mit Hilfe Ihrer Übungen oder Ihres Trainers, meistern können.

VORHAND-HALB-VOLLEY

Holen Sie kurz und tief **aus**. Lassen Sie die Knie gebeugt, gehen Sie noch tiefer, wenn Sie sich auf den hinteren Fuß drehen, und schlagen Sie dann den Ball mit festem Handgelenk.

• HALTUNG
Kauern Sie sich zusammen, die linke Hand sorgt für das Gleichgewicht.

GRIFF •
Halten Sie Handgelenk und Schlägerkopf in einer Linie.

• FUSSARBEIT
Der vordere Fuß ist vorn, die Knie sind gebeugt.

RÜCKHAND-DROP-SCHLAG

Die Schlägerneigung spielt hier eine große Rolle: Neigen Sie ihn zurück, und bringen Sie das Racket von oben unter den Ball. Das gibt ihm den Drall, durch die Abwärtsbewegung und das Streifen des Balls an den Saiten.

• AUGEN
Schauen Sie auf den Ball – besonders, wenn Sie zum Schlag ausholen.

BALANCE •
Nutzen Sie die nicht-spielende Hand dazu, Ihre Balance zu halten.

GEWICHT •
Verlagern Sie sich in den Schlag hinein und über das vordere, gebeugte Knie.

• KONTAKT
Treffen Sie den Ball in Hüfthöhe mit offener Schlägerhaltung.

AUSHOLEN
Holen Sie mit Ihrem Schläger bis über Kopfhöhe aus; das Racket ist dabei angewinkelt, um mit Spin zu spielen.

• FESTER HALT
Bleiben Sie mit Ihren Zehen in Bodenkontakt, um festen Halt zu haben.

TOPSPIN-RÜCKHAND-DRIVE

TECHNIK
Dieser Schlag ist ein Angriffsball, der perfektes Timing erfordert. Der Ball wird von unten und weit außen gespielt, damit er den Drall erlangt. Benutzen Sie dabei den **Rückhandgriff**, und nehmen Sie den Schläger so weit zurück, bis Sie die Schlaghöhe erreicht haben.

DER SCHLAG
Machen Sie einen Schritt vor, parallel zur Flug-linie des Balles, das Gewicht ist vorn über dem vorderen, gebeugten Knie; schwingen Sie den vertikal gehaltenen Schlägerkopf dann plötzlich hoch, treffen Sie die Rückseite des Balles. Geben Sie beim Schlagen etwas nach, doch aufgepaßt: Ist der Schlägerkopf zu offen, spielen Sie einen unterschnittenen Ball statt eines Topspins.

GLOSSAR

A

- **Allee** Der Raum zwischen den Seitenauslinien von Doppel- und Einzelfeld, auch bekannt als „tramlines".
- **Angriffsschlag** Ein Grundschlag, der gespielt wird, um besser ans Netz zu kommen.
- **auf falschem Fuß** Der Schlag wird so angesetzt, daß der Gegner in die falsche Richtung läuft.
- **Aufschlag** Der Beginn, um einen Punkt zu spielen.
- **Aufschlaglinie** Eine den Aufschlag begrenzende Linie.
- **Ausfallschritt** Die Position, in der man versucht, die Richtung zu wechseln.
- **Ausgangshaltung** Stellung, die zur Annahme des Aufschlages eingenommen wird; sie ist außerdem wichtig für alle Grundschläge.
- **ausholen** Die Vorbereitung des Rackets auf den Schlag.
- **Ausschwung** Die Bewegung des Schlägers, nachdem der Ball gespielt wurde.

B

- **Ballwechsel** Eine Reihe geschlagener Bälle – ohne irgendeine Unterbrechung.
- **Ballwurf** Die Phase, in der der Ball zum Aufschlag hochgeworfen wird.
- **beidhändig** Ein Spieler, der beide Hände zum Schlagen an das Racket nimmt.
- **Block** Kurz geschlagener Ball, der meist zur Abwehr wuchtiger Schläge benutzt wird.

C

- **Chip** Ein unterschnittener Grundschlag, um einen Service mit Drall oder einen hochabspringenden Ball zu returnieren.
- **Continental** Name eines Griffes, der aus England stammt.
- **Crossball** Ein Schlag, gespielt vom rechten ins rechte oder vom linken ins linke Feld.

D

- **das „T"** Die Stelle, an der die Aufschlag- die Mittellinie schneidet.
- **das „V"** Die Form, die der Zeigefinger und der Daumen am Schlägergriff bilden.
- **Doppelfehler** Zwei Aufschlagfehler nacheinander vom selben Spieler.
- **Dropschlag** Ein kurz gespielter Ball ins Vorfeld, der dicht hinterm Netz aufkommt.

E

- **Eastern** Ein Griff, der erstmals an der Ostküste der USA gespielt wurde.
- **entlang der Linie** Ein Schlag, der im Gegensatz zum Crossball parallel zur Seitenauslinie gesetzt wird.
- **erlaufen** Der Versuch, auch entfernte Bälle noch zu erreichen.
- **erster Flug** Die Flugkurve des Balles, nachdem er den Schläger verlassen hat.

F

- **Fußfehler** Ein Fehler, der dadurch entsteht, daß der Spieler beim Aufschlagen auf die Grundlinie tritt, bevor der Ball gespielt wurde.

G

- **Großkopfschläger** Ein besonders großer Schläger, um die Bälle besser zu treffen.
- **Grundlinie** Die Linie, an der das Feld jeweils endet; sie verläuft parallel zum Netz und markiert die größtmögliche Länge des Spielfeldes.
- **Grundschlag** Ein Vorhand- oder Rückhandschlag, der nach dem Aufprall des Balles gespielt wird.

H

- **Halbvolley** Ein Grundschlag – direkt nach dem Aufkommen des Balles geschlagen.
- **Handflächenspiel** Der Ball wird bei dieser Übung mit den Handflächen geschlagen.

•**Hinterfeld** Der Raum an der Grundlinie.
•**Hopper** Ein Korb, in dem die Bälle für die Ballmaschine und den normalen Gebrauch aufbewahrt werden.

L

•**linkes Feld** Die linke Seite zwischen Netz und Grundlinie.
•**Lob** Hoch durch die Luft gespielter Ball.
•**love** Heißt in der Zählweise beim Tennis, daß man noch keinen Punkt hat.

M

•**Mittelmarke** Eine Marke, die die Mitte der Grundlinie anzeigt; sie ist 10,16 cm lang.
•**Mittelpunkt** Die Mitte zwischen den Winkeln eines möglichen Schlages.

N

•**nicht-spielende Hand** Ausgestreckte Hand – sorgt für das Gleichgewicht.
•**Niemandsland** Der Raum zwischen Aufschlag- und Grundlinie.

O

•**offen** Eine Schlägerhaltung, um noch mehr Schlagfläche zu bekommen.

R

•**Return** Normalerweise der Schlag, den man als Antwort auf das Service einsetzt.
•**Rückhand** Auf der – bei Rechts- händern – linken Seite gespielter Schlag, der Handrücken zeigt dabei zum Netz.

S

•**Satz** Es gibt sechs Spiele pro Satz und drei bis fünf Sätze pro Match.
•**Schattenspiel** Eine Übung, die Bewegungen eines Schlages im Schatten zu überprüfen.
•**Schlagzone** Teil des Platzes, in dem der Schlag gespielt wird.
•**Schleife** Beim Rückschwung eines Grundschlages beschreibt der Schlägerkopf eine Schleife.

•**Schwung** Die Vorwärtsbewegung des Schlägers.
•**Seitdrall** Ein Ball, der sich entgegen des Luftwiderstandes dreht.
•**Seitenauslinie** Die Grenzlinien in der Breite.
•**„Shake Hands"** Ein Griff beim Vorhand-Drive.

T

•**Tie-Break** Eine Möglichkeit, den Satz zu verkürzen; er wird beim Spielstand von 6-6 eingesetzt.

V

•**Volley** Eine Schlagart, den Ball zu spielen, bevor er vom Boden aufspringt.
•**Vorderfeld** Der Raum zwischen Netz und Aufschlaglinie.
•**Vorhand** Ein Schlag, der beim Rechtshänder von der rechten Seite seines Körpers aus gespielt wird, beim Linkshänder von der linken Seite aus.

W

•**Western** Eine amerikanische Griffart.

Z

•**zweiter Flug** Die Flugkurve des Balles nach dessen Aufprall.

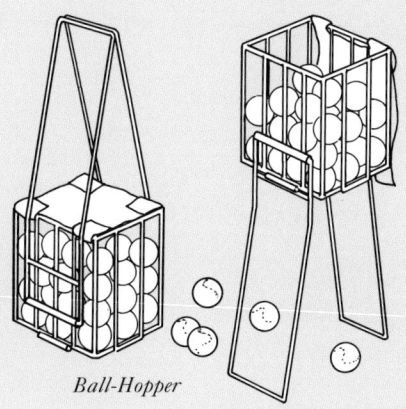

Ball-Hopper

STICHWORTVERZEICHNIS

NÜTZLICHE ADRESSEN

Deutscher Tennisbund e. V. (DTB),
Hallerstraße 89,
20149 Hamburg
Tel.: 0 40/411 78-0

International Tennis Federation (ITF),
Palliser Road,
Barons Court,
GB-London
W14 9 EN
Tel.: 01/818060

DANKSAGUNG

Paul Douglas und Dorling Kindersley möchten sich auf
diesem Wege bei den folgenden Personen für ihre Hilfe und Unterstützung
bei der Vorbereitung und Produktion dieses Buches bedanken:

Alan Douglas für das Erarbeiten der Bildfolgen. Ross McCue für die
Betreuung der Fitneß-Übungen. Ferida Loh für die Vorstellung der
Stretching-Übungen und der beidhändigen Schläge. Chris Lane Tennis and
Health Club für die Foto-Aufnahmen vor Ort. Dunlop Slazenger
International Ltd., Dunlop Footwear Ltd., Prince (UK) Ltd., Nike (UK)
Ltd., Pro-Kennex (UK) Ltd., für die Bereitstellung der Tennisausrüstungen.
Larry Fulcher School of Tennis, Ipswich, Suffolk, für den Gebrauch der
Ballmaschine.

Plough Studios, Clapham, London, für die Möglichkeiten zu den
Innenaufnahmen. London Workshops für die Hochgeschwindigkeits-
Blitzanlage.
Rob Shone, Craig Austin, Paul Dewhurst, Pete Sargent für die Zeichnungen.
Phil Hunt und Damien Moore
für die redaktionelle Hilfe.